刊行にあたり

当協会では、平成９年に『外国人保育の手引（英語版、中国語版、ポルトガル語版、スペイン語版）』を発行しておりました。その後、４か国語以外の言語を必要としている方がいること、また内容を充実させたいという思いから、函館短期大学教授・咲間まり子先生と㈱ぎょうせいに協力をお願いし、このたび本書を刊行することとなりました。

総務省等によると、日本の生産年齢人口（15歳～64歳）は、2010年に約8,000万人以上だったものが、2030年には約6,700万人に、生産年齢人口率は2010年に約63.8%から2030年には58.1%にまで低下すると言われています（総務省「国勢調査」「人口推計」、国立社会保障・人口問題研究所「人口統計資料集」）。

また、厚生労働省は、日本で働く外国人労働者が172万7,221人（2021年10月末時点）だったと発表しました（厚生労働省「『外国人雇用状況』の届出状況まとめ」）。

これらの統計から、現在の各種サービスを10年先も同じように維持するためには、外国人労働者の力を借りざるを得ないこと、もうすでに多くの外国人労働者が、日本で働いている状況がわかります。外国人労働者には家族がいます。そのため、外国につながる子どもの保育・教育とその支援は、今後さらに必要になってくると考えます。

外国につながる子どもの支援は、言語だけではありません。その家族の国の文化、宗教といった背景も理解して進める必要があります。さらには、他の保護者と同様の子育て支援も必要です。

もし、あなたが、知人もいない海外で子どもと暮らし、働くことになったらどうするでしょうか。外国につながる子と保護者の登園初日の心境は、まさにそれなのではないでしょうか。

しかし、きっとクラスの子どもたちが、たとえ言葉は通じなくても「一緒に遊ぼう」とその子に声をかけていることでしょう。子どもたちから、そうした声かけが自然と出るような気持ちが大切なのではないでしょうか。本書により理解を深めていただき、保育を通した国際貢献につながっていくことを願います。

本書が少しでも皆様の日々の保育の一助となれば幸いです。

最後に、本書の刊行にあたってご協力いただきました執筆者の先生方に、心からお礼申しあげます。

社会福祉法人　**日本保育協会**

目　次

第１章　「外国につながる子ども」の保育とその保護者支援

1　「外国につながる子ども」の保育とその保護者支援の今 ―――― 6

2　保育者が知っておきたいこと ―――― 14

［1］生活・文化・宗教／14

コラム　外国につながる子どもの保護者と手を取り合うために／17

［2］食／18

コラム　担任の先生方から伺った、保育現場での食に関するエピソード／20

［3］言　語／21

コラム　学びの基礎となる言葉、その獲得のために／23

3　保育現場ができること ―――― 24

［1］外国につながる子どもと保護者の声から学ぶ／24

解説　特別なことをしなくとも丁寧な対応が鍵／26

［2］「ユニバーサル＆インクルーシブ」な保育を目指して／28

解説　誰にとっても過ごしやすい環境づくり／29

第２章　保護者支援に役立つ 外国語入り シート・絵カード集

◆中国語編〈簡体字〉

1　園生活を伝える例文集 ―――― 30

1．保育時間／30　2．休園日／30　3．保育料／30　4．日常生活／31

5．健康管理／31　6．保育園の一日／32　7．保育園の行事／34

2　シート・絵カード集 ―――― 35

登降園等調査票／35　児童家庭調査票／36　送迎時間等連絡カード／38

欠席連絡カード／38　健康状態連絡カード（身体の状態）／39

健康状態連絡カード（けが）／39　持ち物絵カード集／40

◆ポルトガル語編

1　園生活を伝える例文集 ―――― 42

1．保育時間／42　2．休園日／42　3．保育料／42　4．日常生活／43

5．健康管理／43　6．保育園の一日／44　7．保育園の行事／46

2　シート・絵カード集 ―――― 47
登降園等調査票／47　児童家庭調査票／48　送迎時間等連絡カード／50
欠席連絡カード／50　健康状態連絡カード（身体の状態）／51
健康状態連絡カード（けが）／51　持ち物絵カード集／52

◆ベトナム語編
1　園生活を伝える例文集 ―――― 54
1．保育時間／54　2．休園日／54　3．保育料／54　4．日常生活／55
5．健康管理／55　6．保育園の一日／56　7．保育園の行事／58
2　シート・絵カード集 ―――― 59
登降園等調査票／59　児童家庭調査票／60　送迎時間等連絡カード／62
欠席連絡カード／62　健康状態連絡カード（身体の状態）／63
健康状態連絡カード（けが）／63　持ち物絵カード集／64

◆タガログ語編
1　園生活を伝える例文集 ―――― 66
1．保育時間／66　2．休園日／66　3．保育料／66　4．日常生活／67
5．健康管理／67　6.保育園の一日／68　7．保育園の行事／70
2　シート・絵カード集 ―――― 71
登降園等調査票／71　児童家庭調査票／72　送迎時間等連絡カード／74
欠席連絡カード／74　健康状態連絡カード（身体の状態）／75
健康状態連絡カード（けが）／75　持ち物絵カード集／76

◆英　語　編
1　園生活を伝える例文集 ―――― 78
1．保育時間／78　2．休園日／78　3．保育料／78　4．日常生活／79
5．健康管理／79　6.保育園の一日／80　7．保育園の行事／82
2　シート・絵カード集 ―――― 83
登降園等調査票／83　児童家庭調査票／84　送迎時間等連絡カード／86
欠席連絡カード／86　健康状態連絡カード（身体の状態）／87
健康状態連絡カード（けが）／87　持ち物絵カード集／88

◆スペイン語
1　園生活を伝える例文集 ―――― 90
1．保育時間／90　2．休園日／90　3．保育料／90　4．日常生活／91
5．健康管理／91　6．保育園の一日／92　7．保育園の行事／94

2　シート・絵カード集 ―――――――――――――――――――――――― 95
登降園等調査票／95　児童家庭調査票／96　送迎時間等連絡カード／98
欠席連絡カード／98　健康状態連絡カード（身体の状態）／99
健康状態連絡カード（けが）／99　持ち物絵カード集／100

第3章　保育の場で活用できる外国語例文・単語集

◆中国語編〈簡体字〉
（1）保護者に対して
①入園の時／102　②登園時／103　③降園時／103　④保健について／104
●からだの部位／106
（2）子どもに対して
①登園時／107　②遊び／107　③食事／108　④休憩・昼寝／109

◆ポルトガル語編
（1）保護者に対して
①入園の時／110　②登園時／111　③降園時／111　④保健について／112
●からだの部位／114
（2）子どもに対して
①登園時／115　②遊び／116　③食事／116　④休憩・昼寝／117

◆ベトナム語編
（1）保護者に対して
①入園の時／118　②登園時／119　③降園時／119　④保健について／120
●からだの部位／122
（2）子どもに対して
①登園時／122　②遊び／123　③食事／124　④休憩・昼寝／125

◆タガログ語編
（1）保護者に対して
①入園の時／126　②登園時／127　③降園時／127　④保健について／128
●からだの部位／130
（2）子どもに対して
①登園時／131　②遊び／131　③食事／132　④休憩・昼寝／133

◆英　語　編

（１）保護者に対して

①入園の時／134　②登園時／135　③降園時／135　④保健について／136

●からだの部位／138

（２）子どもに対して

①登園時／139　②遊び／139　③食事／140　④休憩・昼寝／141

◆スペイン語編

（１）保護者に対して

①入園の時／142　②登園時／143　③降園時／144　④保健について／144

●からだの部位／146

（２）子どもに対して

①登園時／147　②遊び／147　③食事／148　④休憩・昼寝／149

執筆者一覧／150

購読者専用ダウンロードサービスのご案内／151

●本書について

本書は、社会福祉法人日本保育協会編集『外国人保育の手引　中国語版』『外国人保育の手引　ポルトガル語版』『外国人保育の手引　英語版』『外国人保育の手引　スペイン語版』（すべて平成９年発行）を基に、今日の状況をふまえ新たにベトナム語、タガログ語を加えて第２章･第３章として再構成し、さらに、「外国につながる子ども」の保育と保護者支援の現状やポイントを解説する第１章を新たに書き起こしたものです。

●第２章・第３章について

・保護者に記入してもらう各種書類、園の基本ルールの説明、園の日常生活の中でよく使う言葉や文章を、日本語と外国語で併記しています。

・必要なところをコピーし自園の情報を書き加えて保護者に渡したり、本を開いて指差したりなど、園・保護者・子どもの実情に合わせてご利用ください。

・掲載の外国語は標準的なものです。同じ外国語であってもその言語圏内の地域によって表現が異なる場合があります。

・転載・複製にあたっては、本書最終ページ（奥付）の注記をご参照ください。

第1章 「外国につながる子ども」の保育とその保護者支援

1 「外国につながる子ども」の保育とその保護者支援の今

函館短期大学教授 咲間まり子

法務省・出入国在留管理庁によると、2021年6月末における在留外国人数は、前年末の288万7,116人から6万3,551人（2.2%）減少し、282万3,565人でした。

そのうち、未就学の乳幼児数（0～5歳）は、約11万人です。これは、日本の未就学の乳幼児数557万人（総務省報道資料、2021/4現在）の1.9%にあたります。

このように外国につながる人々[1]が増加するに従い、外国につながる子どもたち[2]も増加しており、保育・教育の国際化に対応できる保育者の定着が緊急の課題として浮上してきています。

ここでは、日本の多文化化から、国際化に対応できる保育者の必要性について述べていきます。

1　移動する人々は世界的に増えている

国際連合（以下、国連）は、毎年12月18日を「国際移住者デー」に制定しています。国連管轄の国際移住機関（IOM）グローバル移住データ分析センターによると、国境を越えた移民[3]は、2020年時点、世界で約2.8億人います。

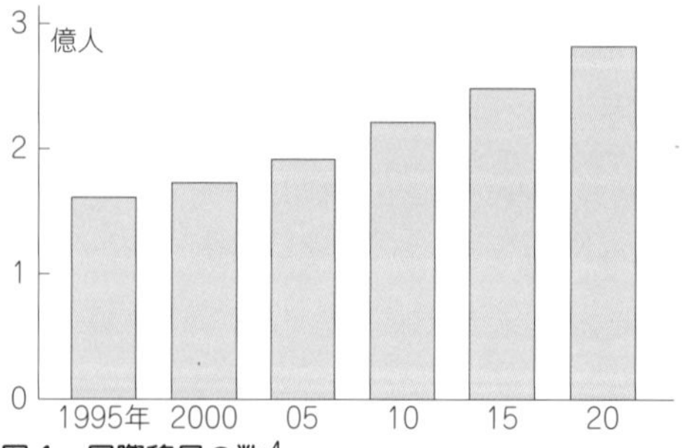

図1　国際移民の数[4]

これは世界の人口の約3.6%を占めており、図1に見るとおり年500万人のペースで増えています。増加基調は続いているものの新型コロナウイルス感染拡大の影響も出ており、国連はコロナ禍が移民の増加を約200万人分、下押ししたと推計しています。

2019年4月1日に改正入管法[5]が施行され、新たに「特定技能1号・2号」[6]という在留資格が設けられました。これまで表向きは否定されてきた非熟練の外国人労働者の受け入れにも門戸を開く法改正になっています。現実には深刻な人手不足により、途上国からの留学生を含めた外国人労働者は欠かせない存在であり、コンビニエンスストアや飲食店などの私たちが普段目にするところ以外にも、外国人材に頼らざるを得ないのが現状です。

2　日本の人口は明治維新に逆戻りするのか

日本の人口は明治維新を境に急増しましたが、総務省によると、今後100年間にわたる推計人口は再び明治維新に逆戻りし、2021年12月現在1億2,547万人の人口は、2050年には1億人を割るのではと推定されています（図2参照）。

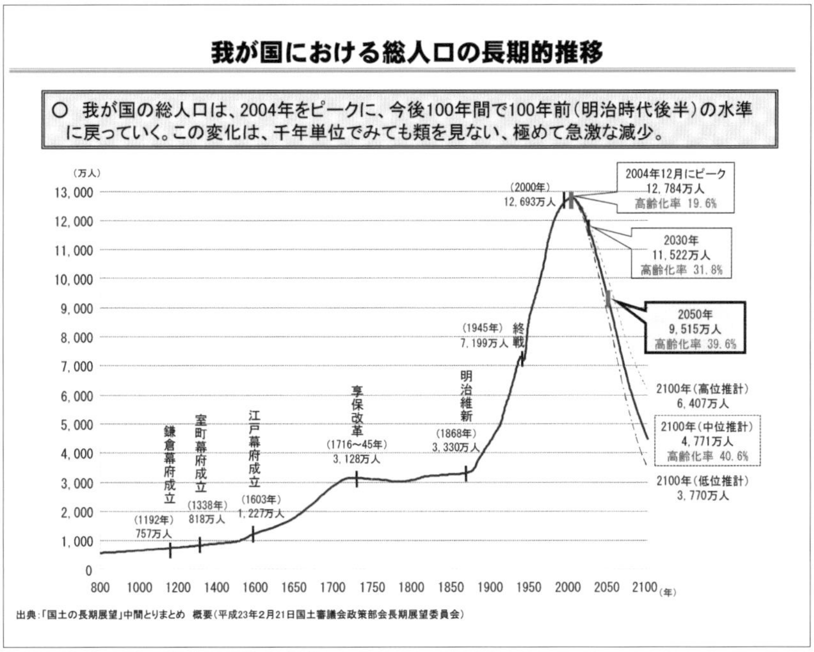

図2　日本の人口推移の長期展望[7]

つまり、我が国の人口は、明治維新を境に急増、1900～2000年の100年間で約3倍になり、2000～2100年の100年間に再び明治時代後半の人口まで急速に収束し、今世紀中に国内総人口が明治維新後並みに急減するということです。

3　少子化にはどんな社会問題があるのか

日本の生産年齢人口[8]は7,465万8千人で、総人口1億2,568万2千人に対する割合は59.4%です[9]。

国立社会保障・人口問題研究所推計[10]によると、生産年齢人口は2013年から2020年までには約50万人、さらに2030年までには約100万人も減ると推計されています。

また、総務省統計局による人口推計1億2,547万人が、2060年には9,000万人を割り込むのではともいわれており、それに伴って生産年齢人口も減少してくるのは明白です。

これは、労働力不足が深刻になるということです。そこで、外国人の人々の重要性が浮かび上がります。抜本的な少子化対策が困難な現状を鑑みれば、外国人と外国につながる子どものマンパワーは、持続可能な社会を構築する上で不可欠のものとなるということです。

4 日本の多文化化と外国人保護者支援

① 日本の多文化化

前述のとおり2021年6月末における在留外国人数は、前年末の288万7,116人から6万3,551人（2.2%）減少し、282万3,565人でした。これは、2020年の新型コロナウイルス感染症拡大予防措置で、新規入国が閉鎖された影響と考えられます。

また、在留カード及び特別永住者証明書上に表記された国籍・地域の数は194（無国籍を除く）でした。上位10か国・地域のうち、ベトナムが韓国に代わって第2位となり（図3）、対前年末比増でしたが、他の9か国・地域ではいずれも減少となりました。

これを在留資格別に見てみると、「永住者」が81万7,805人と最も多く、次いで「技能実習生」35万4,104人、「特別永住者」の地位を持って在留する者が30万441人、「技術・人文知識・国際業務」が28万3,259人と続いています（図4）。技能実習生が高い割合を示しているのも気になるところです。

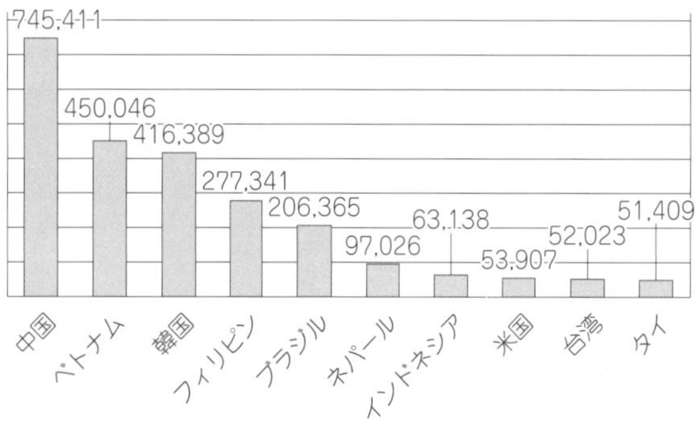

図3 国籍・地域別在留外国人数（単位：人）[11]

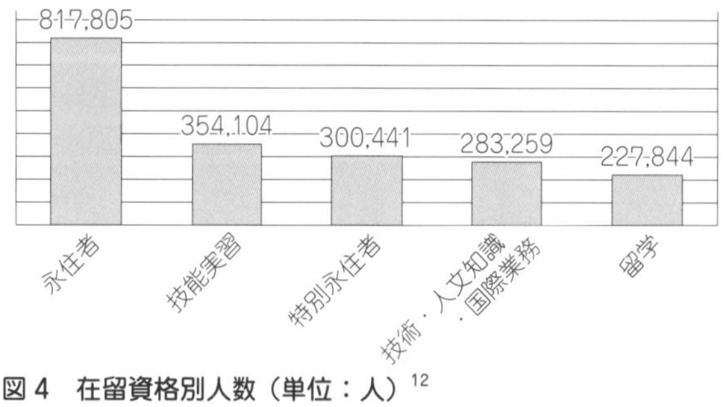

図4 在留資格別人数（単位：人）[12]

日本が外国人労働者の受け入れ体制を強化したのは、図2で示したとおり日本が少子高齢社会に突入しており、2004年に人口増加のピークを迎えて以降、人口減少の一途をたどっていることも一因です。

ただ減少しているだけでなく、15～64歳の割合が大きく減少し、15歳未満の子どもも年々減少し続け、65歳以上が急激に増加しています。これにより総人口に占める労働力人口の割合は、他の主要国と比較しても減少ペースが顕著に現れています。人口減少と少子高齢化による国内各地での人手不足の顕在化は、需要の増加に対応しきれず、国内の経済成長を妨げる要因になっているのです。実際に、2010年以降は15歳以上の人口が増加せず頭打ちとなり、労働力人口は2012年頃に一度減少し、そこから多少増加はしているものの、大きな伸びは見せていません[13]。今後さらなる高齢化が進むと予想される以上、労働力人口も減少か、かろうじて変化しない、という動きしかないと考えます。

そこで、国内の日本人労働力の増加を望めない以上、需要の増加に対応するために外国人労働者の受け入れ拡大が進んだと考えられます。

ここに、日本の多文化化の所以があります。

② 外国につながる人々の現状

出入国在留管理庁によると、2020年末現在における中長期在留者数は258万人(数値は、単位未満を四捨五入。以下同様)、特別永住者数は30万人で、これらを合わせた在留外国人数は289万人です。

そのうち未就学の乳幼児数（0～5歳）は、前述のとおり11万人です。これは、日本の未就学の乳幼児数557万人の19%にあたります。このように外国につながる人々が増加するに従い、外国につながる子どもたちも増加しており、保育・教育の多文化・国際化に対応できる保育者・教員の定着が緊急の課題として浮上してきています。

③ 保育所保育指針、幼保連携型認定こども園教育・保育要領、幼稚園教育要領に見る外国人保護者支援

現行の保育所保育指針、幼保連携型認定こども園教育・保育要領、幼稚園教育要領は2017年に告示され、2018年4月に施行されました。これらは、就学前施設における基本指針です。「幼児期の教育」について同じねらいと内容を持ち、それぞれの施設の特色を生かしながら幼児期の教育を行うことが記されています。

そこでは、幼児期の教育は「生涯にわたる人格形成の基礎を培う重要なもの」であり、国及び地方公共団体は、「幼児の健やかな成長に資する良好な環境の整備その他適当な方法によって、その振興に努めなければならない」（幼稚園教育要領）ことが再確認されています。また、幼稚園教育要領では「一人一人の幼児が、将来、自分のよさや可能性を認識するとともに、あらゆる他者を価値のある存在として尊重し、多様な人々と協働しながら様々な社会的変化を乗り越え、豊かな人生を切り拓き、持続可能な社会の創り手となることができるようにするための基礎を培うことが求められる」と示されています。

さらに、外国につながる人々への配慮や、「環境」の内容の取扱いについて、それぞれ表のように示されています。

	外国につながる人々への配慮 （子育て支援／特別な配慮）	保育・教育内容「環境」 （社会とのつながりの意識や国際理解の意識の芽生え）
保育所保育指針	第４章　子育て支援 ２　保育所を利用している保護者に対する子育て支援 (2)　保護者の状況に配慮した個別の支援 ウ　外国籍家庭など、特別な配慮を必要とする家庭の場合には、状況等に応じて個別の支援を行うよう努めること。	第２章　保育の内容 ３　３歳以上児の保育に関するねらい及び内容 (2)　ねらい及び内容 ウ　環　境 (ウ)　内容の取扱い ④　文化や伝統に親しむ際には、正月や節句など我が国の伝統的な行事、国歌、唱歌、わらべうたや我が国の伝統的な遊びに親しんだり、異なる文化に触れる活動に親しんだりすることを通じて、社会とのつながりの意識や国際理解の意識の芽生えなどが養われるようにすること。
幼保連携型認定こども園教育・保育要領	第１章　総則 第２　教育及び保育の内容並びに子育ての支援等に関する全体的な計画等 ３　特別な配慮を必要とする園児への指導 (2)　海外から帰国した園児や生活に必要な日本語の習得に困難のある園児の幼保連携型認定こども園の生活への適応 海外から帰国した園児や生活に必要な日本語の習得に困難のある園児については、安心して自己を発揮できるよう配慮するなど個々の園児の実態に応じ、指導内容や指導方法の工夫を組織的かつ計画的に行うものとする。	第２章　ねらい及び内容並びに配慮事項 第３　満３歳以上の園児の教育及び保育に関するねらい及び内容 環　境 ３　内容の取扱い (4)　文化や伝統に親しむ際には、正月や節句など我が国の伝統的な行事、国歌、唱歌、わらべうたや我が国の伝統的な遊びに親しんだり、異なる文化に触れる活動に親しんだりすることを通じて、社会とのつながりの意識や国際理解の意識の芽生えなどが養われるようにすること。
幼稚園教育要領	第１章　総則 第５　特別な配慮を要する幼児への指導 ２　海外から帰国した幼児や生活に必要な日本語の習得に困難のある幼児の幼稚園生活への適応 海外から帰国した幼児や生活に必要な日本語の習得に困難のある幼児については、安心して自己を発揮できるよう配慮するなど個々の幼児の実態に応じ、指導内容や指導方法の工夫を組織的かつ計画的に行うものとする。	第２章　ねらい及び内容 環　境 ３　内容の取扱い (4)　文化や伝統に親しむ際には、正月や節句など我が国の伝統的な行事、国歌、唱歌、わらべうたや我が国の伝統的な遊びに親しんだり、異なる文化に触れる活動に親しんだりすることを通じて、社会とのつながりの意識や国際理解の意識の芽生えなどが養われるようにすること。

以上のように、外国籍の子どもや保護者への支援の必要性が示されているのも、2018年に施行された、それぞれの指針・要領の特徴です。

5　多文化・国際化に対応できる保育者の必要性

長年「多文化共生のまちづくり」に向けた取り組みをしている岩手県一戸町の町民と、今後もますます増加していくことが見込まれる技能実習生が、地域でどのような交流をしているかについて調査しました[14]。

その中で「地域を外国人住民とともに暮らしやすい社会にするために、外国人住民にどのようなことを期待しますか」という質問への回答（図 5）は、「地域住民との交流や地域の活動に参加してほしい」が 49％と高い割合になっていました。しかし、「日本語や日本の文化を学んでほしい」（27％）、「日本の法律、生活ルール、習慣を守ってほしい」（19％）の合計 46％は、日本のルールに従ってほしいという地域住民の希望でした。

これは、ともすると、外国人住民に対して日本のルールを押しつけているようにも受け取られかねません。

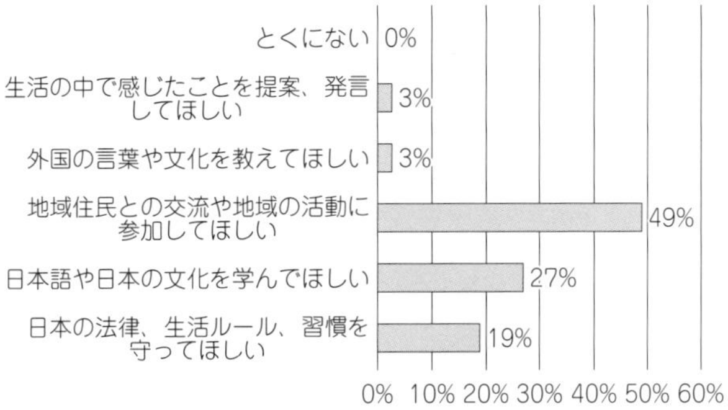

図 5 「外国人住民にどのようなことを期待しますか」（一戸町住民との交流調査（n = 37））

今から 5 年前に、保育者を目指す学生（5 大学の協力のもと 1・2 年生 471 名）に対して調査[15]したことがあります。その中で気になった学生の回答が、上記の地域住民の回答に似ています。以下が学生に対するアンケート結果です。

「日本の保育施設に外国につながる子どもが入所した場合、どのように考えるか」

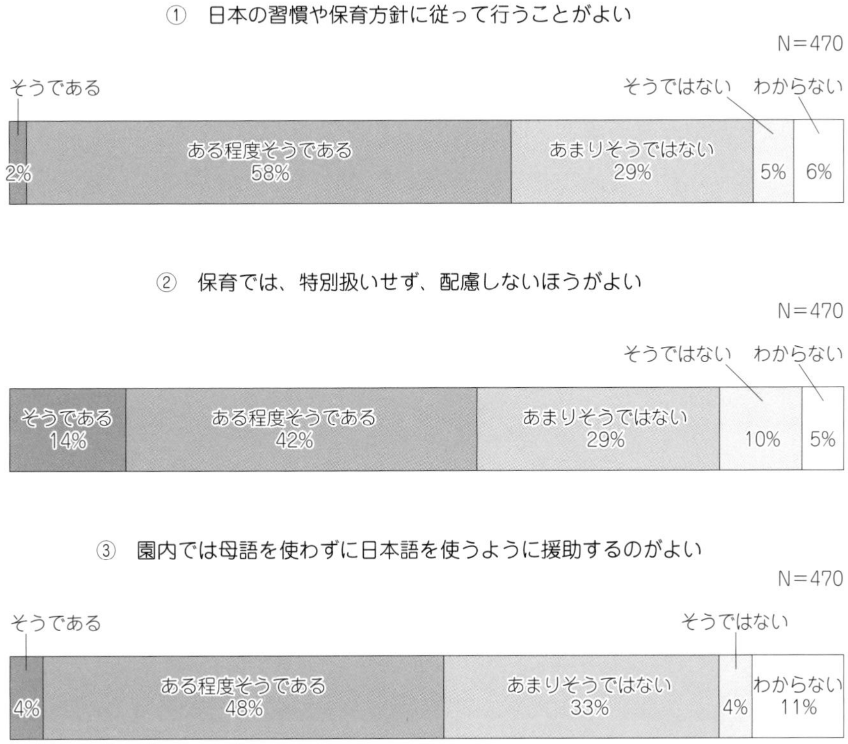

以上の回答からは、学生自身の「文化」の枠組みをいったん外してみること、「自分の当たり前」を客観視すること、日頃から多様な文化について関心を持つこと等の課題が浮かび上がってきます。学生の中には、自分自身が「単一文化」の中で生活し「多文化的環境」を経験していない学生が少なくありません。その背景には、学生自身の生活環境の中において多文化的な気づきを持っていないことが挙げられます。だからこそ、「日本にいるなら日本の習慣に学ぶべき」という考えになりがちなのではと考えられます。

これは、「違い」に向き合った場合、あるいは、保護者に言葉が通じ難かった場合等、スムーズな適応が困難なことに対して、保育者自身がどうしていいかわからない、でもどうにかしてあげたいと感じた場合、善意であるがゆえに無自覚なまま同化主義的な教育に陥る可能性があるということです。

今日の多文化・国際化の難しさの要因として、保育者の多くが、外国人の子どもの保育に関する基礎的知識を欠いているという点があります。また、保育者養成課程においても、多文化教育や国際理解教育が必修となっていないことも要因です。

文部科学省初等中等教育局幼児教育課「幼児教育に関する調査研究拠点の整備に向けた検討会議」[16]においては、国際的な動向として2015～2019年にかけて、幼児期に身に付けるべき能力とは何か、どのように計測すべきかが重要な点として検討されることが述べられています。この会議の資料には、「日本文化を理解して自国の文化を語り継承することができるようにするとともに、異文化を理解し多様な人々と協働していくことができるようになることが重要である」と記されています。つまり異文化を理解し、グローバルな思考・思想を養うことが要請されているのです。

様々な文化をもった子どもがいることをまず認識し、そのうえで、日本語を母語としない子どもたちに接する時にどのようにすれば効果的か、子どもたちとの相互作用の中で、数々の課題に真摯に向き合い、必要な知識・能力・態度を身に付けることが多文化・国際化に対応できる保育者であり、今必要な人材と考えます。

◆注

1 外国につながる人々： 本人が外国籍、両親のいずれかが外国籍、両親がともに外国籍、帰国子女等、言語文化背景が異なる子どもや人々と定義する。

2 外国につながる子ども： 本人が外国籍、両親のいずれかが外国籍、両親がともに外国籍、帰国子女等、言語文化背景が異なる子どもと定義する。

3 移民： 移住して定住する国を変更した人々と定義する。

4 「日本経済新聞」2021年7月25日報道による。

5 改正入管法： 入管法は、出入国管理及び難民認定法の略。改正入管法は、新たな外国人労働者の受け入れのため、新しい在留資格を創設した法律。これまで外国人労働者は、「専門的・技術的分野」に限定するという建前だったが、それを崩し、熟練していない労働者を含め受け入れることにしたのが大きな特徴。新たに創設された在留資格は「特定技能1号」と「特定技能2号」。出入国在留管理庁ホームページ（令和3年10月15日報道発表資料）参照。

6 特定技能1号： 特定産業分野（介護、ビルクリーニング、素形材産業、産業機械製造業、電気・電子情報関連産業、建設、造船・船用工業、自動車整備、航空、宿泊、農業、漁業、飲食料品製造業、外食業の14分野）に属する相当程度の知識又は経験を必要とする技能を要する業務に従事する外国人向けの在留資格。

特定技能2号： 特定産業分野（建設、造船・船用工業）に属する熟練した技能を要する業務に従事する外国人向けの在留資格。

7 総務省「我が国における総人口の長期的展望」https://www.soumu.go.jp/main_content/000273900.pdf

8 生産年齢人口： 15～64歳までの人口。

9 総務省統計局人口推計（令和3（2021）年7月確定値:1億2,568万2千人、令和3（2021）年12月概算値:1億2,547万人）（2021年12月20日公表）

10 国立社会保障・人口問題研究所「日本の将来推計人口（平成24年1月推計）」の出生中位（死亡中位）。

11 出入国在留管理庁「令和3年6月末現在における在留外国人数について」（2021（令和3）年10月15日公表）を参考に作成。

12 出入国在留管理庁「令和3年6月末現在における在留外国人数について」（2021（令和3）年10月15日公表）を参考に作成。

13 国土交通省「国土の長期展望」中間とりまとめ（平成23年2月21日国土審議会政策部会長期展望委員会）より。

14 咲間まり子「技能実習生と高齢者との交流がもたらす効果を考える事業」『公益財団法人いきいき岩手支援財団助成金研究2021年度報告書』

15 咲間まり子「多文化保育・教育における保育者・教師の養成―保育者の保育観、知識、認識の構築―」『公益財団法人日本教育公務員弘済会奨励金の助成金研究2017年度報告書』

16 「幼児教育に関する調査研究拠点の整備に向けた検討会議」2016年3月、文部科学省初等中等教育局幼児教育課

◆参考文献

・「幼児教育に関する調査研究拠点の整備に向けた検討会議」2016年3月、文部科学省初等中等教育局幼児教育課
・「外国人の技能実習の適正な実施及び技能実習生の保護に関する法律（平成28年法律第89号）」（平成29年11月1日施行）
・咲間まり子「多文化保育・教育における保育者・教師の役割や専門性」『日本保育学会第70回大会 研究発表論文集』2017年
・咲間まり子「多文化保育・教育における保育者・教師の養成―保育者の保育観、知識、認識の構築―」『公益財団法人日本教育公務員弘済会奨励金の助成金研究2017年度報告書』
・「保育所保育指針」（平成29年3月31日厚生労働省告示第117号）
・「幼保連携型認定こども園教育・保育要領」（平成29年3月31日内閣府・文部科学省・厚生労働省告示第1号）
・「幼稚園教育要領」（平成29年3月31日文部科学省告示第62号）
・咲間まり子監修／著『保育者のための外国人保護者支援の本』かもがわ出版、2020年

2 保育者が知っておきたいこと

[1] 生活・文化・宗教

埼玉学園大学教授 **堀田正央**

1 保育者として踏まえておきたい前提

生活・文化・宗教は、それぞれが複雑に結びついた分かちがたいものです。人は日常的にそれらの影響を受けて生きていますが、あまりにも当たり前な影響であるために、「みんなが自分と同じように考えたり感じたりする」と思い込んでしまう時があります。外国の子どもを保育する上で気をつけたいことは、生活・文化・宗教が背景としてあることを忘れ、保育者が違和感を覚える子どもや保護者の考えや行動が、個人的な「問題」だと考えてしまうことです。

例えば「9時頃に来てください（Let's meet at 9:00 ish.）」と保護者に伝え、9時10分を過ぎても現れなかったとしたら、少しそわそわした気持ちにならないでしょうか。もしかしたら「あの保護者は時間にルーズな人かも」と思うこともあるかもしれません。一方でその保護者は自分の認識では時間をしっかり守るタイプで、「頃」と言われた時に30分程度前後することは当たり前の文化の中で生活してきたのかもしれません。たった一つの待ち合わせから、「時間の捉え方」、「保護者に対する保育者の印象」、「保護者の自己認識と保護者の印象の相違」と、多くのすれ違いが生まれることがわかります。

さらに子どもは、大人と比べれば生活・文化・宗教からの影響が少ないものの、時に大人からの異なるアプローチで苦しむことがあります。保育者から「ご飯のお椀は持って食べようね」と言われた時に、異なる文化の家庭で「ご飯のお椀は持ち上げないのがマナーだよ」と言われているとしたら、戸惑うことは想像に難くありません。またそのことを伝えるだけの日本語能力がなかった時に、家庭での言葉を優先したとしたら、保育者からは「少し気になる子だな」との評価を受けることはあり得ることではないでしょうか。

多様性を受け入れることを求められる現代において、目の前の誰かの考えや行動を自分の生活・文化・宗教に当てはめて評価することは避けるべきことです。違った生活・文化・宗教があることを意識し、違いが大きければ大きいほど、その人の生活・文化・宗教を理解する努力をすることが、外国につながる子どもを保育する上では不可欠です。

2　生活・文化について

外国につながる子どもが日本での園生活をのびのびと楽しめるようになるまでには、保育者や周りの子ども以上に難しさと向き合う必要があります。それまでの生活や文化の違いから、「建物の中に入るときには上履きを履き替える」、「（もっと遊びたい気持ちでも）午睡をする」、「みんなでお片付けをする」等のことは苦手そうに見えることもままあります。クラスのお友達みんなが知っている歌を自分だけが知らずに戸惑うことで「あまりお歌が好きではないんだな」と思われることもあるかもしれません。言葉が十分に通じない場合は例文や絵カード等を活用しながら、「以前の生活との違い」を意識した援助・配慮を心がけましょう。入園前後には他の子どもと同じように空間的、人的に新しい環境に戸惑うことはもちろん、外国につながる子どもにとっては文化的、言語的な環境も大きく変化するため、本人と周りが時間をかけて環境との調整を行わなければなりません。保護者にも以前の生活の様子を良く聞き取りながら、どこまで合理的な配慮を行い、どこまで今までの園のやり方に合わせられるようにするのかを検討するようにしましょう。

当然のことですが、園での集団生活では外国につながる子どもや保護者の要望をすべて受け入れることはできません。全体的な計画や教育課程に応じた保育を適切に行うためには、外国につながる子どもや保護者にも変化を前向きに受け入れてもらうことが必要です。一方で、難しさや戸惑いから同じクラスのお友達と比べて「できない、うまくいかない」経験を多く持ち過ぎることは、外国につながる子ども個人の発達上、必ずしも望ましいことではありません。可能な範囲で外国につながる子どもの得意なことを活動に取り入れたり、その子の背景となる文化や生活の素晴らしさをクラスで味わう機会を持ったりするようにしましょう。子どもたちが「違い」にどう向き合うのかは身近な大人である保護者や保育者の態度が具体的なモデルとなります。保育者自身が「違い」を受け入れ、保育の中に発展的に取り入れていくことを周りの子どもに見せることで、今まではなかった良い影響をクラス全体に導くこともできるはずです。

Food（食べ物）、Fashion（衣装）、Festival（お祭り）のいわゆる3Fをイベント的に保育に取り入れることは子どもたちの国際理解に有効ですが、それ以上に外国につながる子どもと日常の保育の中で関係性を築き、多様性を受容し、相互の考えを調整する経験は、グローバル社会に必要な非認知能力養成の観点からも有益です。外国につながる子どもを保育することの「難しさ」は確かに存在しますが、今までの保育を見直し、周りの子どもを含めた園全体の子どもにとってもより良い環境を築くことに目を向けてみるのも大切なことではないでしょうか。

3　宗教について

保育者、保護者にせよ、子どもたちにせよ、多くの日本人にとって宗教は身近なものではなく、七五三、盆踊り、節分、クリスマス等、年中行事を中心に生活の端々に織り込まれてはいても、日常の中で意識する機会は少ないかもしれません。信教の自由は「日本国憲法」や「市民的及び政治的権利に関する国際規約」等で保障された基本的人権の一つですが、「異なる文化」以上に「異なる宗教」にどう向き合うのかについては戸惑いを持つ保育者が多く、それぞれの宗教を尊重することの必要性には賛同しても、具体的な保育上の配慮については手探りで行わざるを得ないのではないでしょうか。一般的な園で可能な配慮には限りがありますし、「○○教では○○をする（あるいはしない）」というステレオタイプなイメージは信教を持つ個人個人には当てはまらないことも多々あります。宗教上の理由による除去食対応の希望や他宗教に関連した行事への不参加等、想定される保護者からのニーズを具体的に検討する前に、まずは各家庭での宗教への向き合い方を保護者とよく話し合ってみましょう。キリスト教保育や仏教保育等、園そのものが宗教的な活動を取り入れている場合はもちろん、一般の園においても当然保護者からのニーズに園が十分に応えられないことも考えられます。そのような場合には、行政等とも連携しながら利用者支援事業の一環として対応可能な施設を紹介する等のことも考えられます。

世界で特に多くの信者を持つ宗教は、キリスト教（約20億人）、イスラム教（約16億人）、ヒンドゥー教（約11億人）が挙げられます。その他の宗教を含めて、各宗教で考えられる特別なニーズはある程度まで事前に想定できますが、それらのニーズは園の中だけではなく、外国につながる子どもの生活全体に関わるものです。例えば地域でハラール食品がどの店舗で手に入るのか等の情報は、行政等と共有し情報提供することで、家庭との信頼関係を築くきっかけとして有効なこともあります。また宗教に関わる合理的配慮を行った経験のある園からの情報は非常に貴重であり、それぞれの園や保育者のネットワークで情報を共有／蓄積していくこともとても有効です。

コラム
——生活・文化・宗教——

外国につながる子どもの保護者と手を取り合うために

埼玉学園大学教授　**堀田正央**

当たり前を疑ってみる

外国につながる子どもの保育について、保育者と保護者それぞれが感じる問題は、「すれ違い」が原因のことがあります。特に生活・文化・宗教は、人生の中にあまりにも当然に根差しているため、違った環境においては、違った生活・文化・宗教があることを忘れてしまいがちです。「良い子に育って欲しい」という思いはほぼすべての保護者と保育者に共通しますが、子どもに対する発達期待は個人や環境によって内容に違いがあるかもしれません。「しっかりと主張してリーダーシップが取れる」ことも「あえて一歩引いて和を保つ」ことも「良い子」と評価できる姿のはずですが、保護者の期待が前者で保育者の援助・配慮が後者を目指した場合には、保護者と保育者のどちらかが、あるいは双方が違和感を持つことになります。

異なる生活・文化・宗教を持つ人同士はお互いの「当たり前」が何であるのかを確認し、子どもの最善の利益のために調整することが必要です。「当たり前」や「言わずもがな」を疑うことで、外国につながる子どもだけではなく、それまで暗黙の了解の中で見えなくなっていた周りの子どもたちと保護者の隠れたニーズを明らかにし、保育を改善することにもつながるかもしれません。

「家園同楽」を目指して

中国籍の子どもの保護者に対して「日本で通っている園へのニーズ」についてインタビューをした時に、「日本の園では家園同楽の精神が薄く感じる」と聞いたことがあります。「家園同楽」は「家庭と園が連携し相互に子どもに良い環境を作る」といった意味のようです。その園では家庭との連携が遠足や発表会、親子教室等のイベント的な活動が中心になっており、簡単なドキュメンテーションや立ち話でしか日常的な情報共有をできないことが不満で、中国では「WeChat（微信）」というアプリを通じて日常的に保育者と文字や画像でのやりとりができ、家庭と園が互いの環境における子どもの姿をスムーズに共有できていたのに、というお話でした。もちろん保育業務は膨大であり、個人情報保護等の観点からの難しさもありますが、「外国につながる保護者も対話を求めている」ことを示す一例であると思います。

目まぐるしく変化する社会情勢や保育をとりまく環境の中で、子どもに関わるすべての人が「対話」を通じて試行錯誤しながら「家園同楽」を実現していければ、生活・文化・宗教に関連する諸課題の解決にもつながるのではないでしょうか。

［2］ 食

福島学院大学講師 **中野明子**

1 生きる力を育む「食事の時間」

「食べる意欲は生きる意欲につながる」の言葉通り、食事は生命維持のために必要な営みであり、国や宗教、文化を問わず「生きる力」の根幹を育む大切なものです。

保育という生活の場においても、食事は子どもの生活の重要な領域です。

それゆえ、食事は楽しみなものであってほしいものです。子どもたちが楽しく安心して食べることができる環境を保障し、日々の保育の中で実践していくことは、保育者の大切な役割の一つといえるでしょう。外国につながる子どもや保護者の「食」に対する支援についても、文化や宗教による違いへの理解を深め、職員間で共有し配慮していくことが求められます。

2 思い込みや特別視をせず、個別に向き合う姿勢の大切さ

保育者が留意すべきは、インターネット等の情報をうのみにせず、一人一人の話に耳を傾ける姿勢です。「○○国の人だから…」「○○教徒の方だから…」等のくくりで捉えて理由付けし、その国の文化や宗教等の全体の印象だけで判断すると、状況を見誤ることになりかねません。様々な食をめぐるトラブルの背景には、宗教や文化的背景が主訴ではなく、親子関係や家庭環境に課題があるケースも報告されており、思い込みや特別視をすることで本当に困っている根本の要因を捉えることが難しくなる場合もあります。

思い込みや先入観をできるだけ持たない努力と同時に、その国の歴史から育まれた文化や、その方が大切に信仰されている宗教上の食の禁忌等に対しての、理解と配慮が必要です。

離乳食の食材や進め方についても、保護者の母国や民族的ルーツによって異なる場合が多く、いずれのケースも、外国につながる子どもや保護者一人一人の意思と心情を尊重し支えていく姿勢が重要です。宗教や文化的背景による食事の配慮についても、アレルギー除去食対応と同等に、保護者に聴き取りを行い、個別的な支援の方向性と実施について、職員間で協議しながら連携を図り、保護者の同意を得て具体的に構築していくことが求められます。

世界には、様々な宗教や文化があります。例えば同じ宗教でも、禁忌する食材はその国の地域や宗派的な理由から、様々に異なることが知られています。

イスラム圏の国から来日されたムスリム（イスラム教徒）のイスラム教戒律「ハラル（許さ

れた食べ物)」以外の禁忌食材への配慮について、各保育施設での対応の違いを紹介します。

A園（両親がインド国籍の兄弟のケース）では、牛豚肉魚介類やそのエキスが入ったものは口にしないハラル食文化の家庭であるため、入園時に何度か面談した結果、給食は提供せず、母親が毎日の給食献立に似せたものを作り、母親が作った料理を園の食器に移して提供しています。

B園（両親ともにパキスタン国籍の子どものケース）では、肉は祈祷した鶏肉のみ、調味料はハラル用のもの限定でゼラチンは使えないことから、本児用の代替食を園で提供しています。調理員の協力や担任間の連携で本児と家族に寄り添い、手厚い支援ができていますが、一方で人材不足という保育現場の問題があるため、今後ますますニーズが多様化する中で、どこまで園として応えていけるかは見通しがつかない状況です。

A園、B園ともに、外国につながる子どもや保護者のニーズを丁寧に聴き取り、心情を理解したうえで、園全体で連携を図り対応しています。今後、多文化保育・教育が広がり多様化する中で、すべてを保育現場任せにするのではなく、国や行政も共に向き合う姿勢と、具体的な支援の方策を提供することが求められると考えます。

3　食事が心をつなぐ

さいごに、食文化を相互に理解し楽しむことは、人間関係を円滑に構築できる機会をつくることにもつながることについて確認したいと思います。

保育者自身が、多文化、異文化の食事や食習慣の違いを面白がり、喜び、感動する体験を通して、子どもたちや保護者と共有することは、様々な国の文化を理解し、尊重し、大切にする意識を、園全体で高めていくことにつながっていきます。

例えば、ブラジル国の郷土料理「フェイジャオン（feijão）」（豆のスープ）を給食に提供して園児たちと一緒に味わうことは、子どもたちにとって心躍る楽しい食の体験です。食文化の違いを知ることで、世界には様々な国があることを学ぶ機会にもなることでしょう。

食事を通して、その国の文化や歴史、宗教観を知り、理解するきっかけとなることが多いのは、食事を共に味わうことで会話がはずみ、食べる喜びと共に心が通い合う瞬間を共有できるからではないでしょうか。それらは記憶に残る思い出となり得ます。

味覚と記憶はつながっています。「甘い思い出」は英語で「sweet memory」、「苦い思い出」は英語で「bitter memory」等、味覚と記憶がつながった言語は世界中に存在します。

食べた時の記憶、その時の匂いや味わい、一緒に食を囲んだ人たちの表情や風景までもが、味覚と共によみがえった経験は、多くの人たちが共有していることと思います。

食事の際の記憶は残ります。食べることそのものが、幸せな時間でありますように。

心と体を育む食事の時間を、楽しく安心できる豊かな時間にしていくことは、保育施設のみならず、社会全体で取り組むべき、すべての子どもたちに必要な支援といえるでしょう。

コラム ――食―― 担任の先生方から伺った、保育現場での食に関するエピソード

福島学院大学講師 **中野明子**

保育という日々の生活の場で起きた、「食」に関しての、嬉しい・困ったエピソードを、現職保育者の先生方より伺ったお話から紹介します。

●保育園での餃子クッキング教室

両親共に中国国籍のご家庭で、日本の生活や言葉、文化になじめず、親子で孤立しがちでした。母親は料理が得意で、餃子を作るのがとても手早く上手であることを知り、親子で参加する餃子クッキング教室を企画。中国国籍のＡちゃんの母親を講師に迎え、本場中国の皮からこねる、本格的な餃子作りを教えていただきました。参加した親子はみんな笑顔で夢中になって餃子作りを楽しみ、出来上がった餃子の美味しさに驚きの歓声が上がりました。

保育園に「先生」としてやってきたお母さんを見て、Ａちゃんはとても誇らしかったようです。大変盛り上がった料理教室をきっかけに、Ａちゃん親子に笑顔が増えて、周囲の人たちとの会話も増えていったことは、嬉しい変化だと思います。

（中国国籍４歳女児　担任）

●職員間の意識の温度差

宗教上の理由で豚肉を除去する必要のある子どもの給食に、豚肉が入っていたことがありました。栄養士と調理士に除去されていないと伝えると、「アレルギーではないから、少しだけなら大丈夫と思っていた」ことに驚きました。主任や園長に相談して、宗教上の理由で禁忌しなければならない食べ物がある場合、そのご家族が大切にされ守っている信仰への気持ちを大事にしていかなければならないことを、職員会議で再確認してもらいました。

（マレーシア国籍３歳男児　担任）

●日本食になじめない子どもとの出会い

フィリピンから母親と来日し、年長組で受け持ったＢちゃん。食事面で好き嫌いが多く、日本食の味に慣れていないようでした。そこで、食材に慣れること、味を知ることから給食を始めました。決して無理強いはせずに、Ｂちゃんのペースと食べられる量で楽しく食事ができるよう配慮しました。少しでも食べられたり、お皿がピカピカになると「食べたよ！」と嬉しそうに話してくれた笑顔を今も覚えています。ビザの関係で、３か月程で退園になりましたが、今も元気にしていることを祈っています。

（フィリピン国籍５歳女児　担任）

[3] 言　語

札幌国際大学教授　品川ひろみ

1　母　語

母語とは乳幼児がはじめに獲得する言語のことで、子どもが自然に使うことができる言葉です。母国語という言葉もありますが、人によって母語が母国の言語でない場合もあるので、母語という言葉が使われることが一般的です。

子どもは母語である「ことば」を使えるようになることで、話を聞き、理解し、考え、感じ、伝えるなど、他者とコミュニケーションをとることができるようになります。また、ことばを使えることで抽象的な思考を育むことができるなど、人の認知発達の点からも重要です。また母語は、単なるコミュニケーションをとるための道具だけでなく、その子どものアイデンティティの獲得の意味でも大切です。

2　バイリンガル

バイリンガルとは、母語が使えることに加え他の言語も使うことができることを指します。それぞれの言語のレベルは子どもによって異なり、一方の言語は年齢相応でも、他方の言語のレベルが低いこともあります。もっとも望ましいのは両方の言語が年齢相応にできることでしょう。それとは逆に２つの言語が、ともに年齢より低いレベルになってしまうこともあります。

バイリンガルでは母語を習得したあとに、第２言語を学習するのがよいと言われています。それは母語が第２言語習得の基礎となるからです。２つの言語がともに年齢相応のレベルになるためには、どちらかの言語に偏るのではなく、両方を伸ばす機会を意識することです。子どもが日本の保育機関に在籍しているならば、一日の大半が日本語となります。そのような場合、家庭ではもう一つの言語、母語を意識して使うようにしなければ、母語のレベルが下がってしまうことには注意が必要でしょう。

3　生活言語と学習言語

BICS（Basic Interpersonal Communicative Skills）とは、生活言語能力のことです。これは私

たちが日常生活する上で必要な言語スキルです。具体的なものや場面を通して獲得していくもので、一般的には２年程度で獲得できると言われていますが、保育所等では、日本語ができない子どもが入園しても、半年もすれば、園生活に慣れてくるという発言が多く聞かれます。

それに対してCALP（Cognitive Academic Language Proficiency）とは、学習言語能力のことです。これは学校教育以降、本格的に必要になるスキルですが、抽象的な思考を必要とするため、習得には５年から７年はかかると言われています。保育機関では学校教育のような学習の仕方はしませんが、遊びを通して抽象的な思考につながる基礎をつくっています。

保育者は当該児童がそれぞれの場面において、活動のねらいに応じた理解ができているかを見取り、それに応じて必要な援助をすることが求められます。

４　園での留意点

外国につながる子どもの入園時には「何が理解でき、使えるのか」など、その子どもの言語状況を知っておくことが大切です。外国につながる子どもが多いスウェーデン・ストックホルムの就学前施設では、入園時の面談で子どもの言語の状態を詳しく聞き取り、それをマップにしています。子どもが保護者や祖父母などの家族とは何語で話をするか、それぞれの場面では何語で話しているか。園生活で使用する基本的な言葉は何語かなど、その子どもの言語の状況を視覚化し保育に活用しています。

外国につながる子どもが乳児の場合は、園で言葉の問題が表面化することは少ないと言えます。外国につながる子どもも日本人児童と同じように日本語を獲得していきます。しかし日本人児童はそれを母語としていくのに比べ、外国につながる子どもは、それが母語の場合もあれば、第２言語の場合もあります。特に母語が日本語以外の乳児には、保護者に対して家庭で母語や第２言語に触れることが大切であることを伝えていくことが必要です。

◆参考文献

・B・ド・ボワソン＝バルディ著、加藤晴久・増茂和男訳『赤ちゃんはコトバをどのように習得するか　誕生から２歳まで』藤原書店、2008年
・フランソワ・グロジャン著、西山教行監訳、石丸久美子・大山万容・杉山香織訳『バイリンガルの世界へようこそ　複数の言語を話すということ』勁草書房、2018年
・中島和子著『完全改訂版　バイリンガル教育の方法』アルク、2016年

コラム
──言　語──

学びの基礎となる言葉、その獲得のために

札幌国際大学教授　品川ひろみ

外国につながる子どもの中には、卒園するときには問題がないと思っていたのに、小学校や中学校で勉強についていけないことがあり、やるせない気持ちになるとある保育園長が話してくれました。

保育園での日常生活の中で問題を感じないというのは、まさに生活言語能力は獲得したものの、学習言語能力を獲得するのが難しいということを示しています。学習言語能力の獲得には、抽象的な概念も多く含んでいるため難しく、生活言語能力を基礎に生活の様々な場面で育まれます。それらは保育施設だけで身に付くのではなく、家庭教育と連動しています。しかし外国につながる子どもの家庭の中には、保護者が就労のために来日し、子どもと接する時間が十分にとれないことや、日本の文化に慣れておらず子どもの質問に的確に答えられないこともあります。

例えば、絵本を読み聞かせること一つ取っても、日本語で書かれ、その内容も日本文化をベースにしたストーリーだと、子どもの問いに答えるのが難しいこともあるでしょう。このように、保護者自身が説明することができない場合、小さなことであっても、子どもの学びの芽をうまく育めません。そして、それを補うような周囲のサポートがなければ、学校教育以降の学習への適応が難しいことがあります。子ども自身に学びへの意欲が少なければなおさらです。

外国につながる子どもの言葉の問題は、子どもの置かれている生活環境に大きく影響を受けます。そのような場合、子どもや家族だけの自己努力に任せるのではなく、園をはじめとした周囲のサポートが大切です。地域によっては外国につながる子どものプリスクールや、就学を促進する事業などを行っています。保育機関では子どもを丁寧に見とり、保育の中で多様な取り組みをしつつ、必要に応じて地域の社会資源を活用し、外国につながる子どもたちが、将来にわたり学んでいくことができる基礎力を付けていくことが大切です。

3 保育現場ができること

[1] 外国につながる子どもと保護者の声から学ぶ

認定こども園 昭和保育園（愛知県名古屋市）

言語面で不安をやわらげることから

本園には中国籍の子どもが6名在籍しています(2021年3月現在)。受け入れに際しては、園として、やはり日本語が通じるかどうかということが心配な点になります。例えば、家庭では主に中国語を使用し、日本語はほとんど使わないため、子どもが4月に3歳児クラスに入所してきても日本語を理解できない、ということが実際に多々あります。友達との関係につまずき、泣いてばかりの姿も多く見受けられます。

そこで本園では、中国人の保育補助者を雇用して、言語面での援助を通して子どもの心を落ち着かせることから始めました。連絡ノートもまずは中国語で記入することから始め、家庭との信頼関係を結ぶようにします。園だよりは日本語そのままで配布しますが、わかりにくい部分は個別に説明したりして理解してもらえるように配慮しています。子育て観の違いでしょうか、たっぷりと重ね着をさせてくる家庭が多いので、こうした点についても親子に対して助言をしています。

保護者の声

入所時に抱いていた不安やこれから園に望むことなどについて保護者にアンケートへの回答をお願いしたところ、快くお引き受けいただきました。以下にその回答の一部をご紹介します。

●家庭内での会話
　中国語のみを使う　　　3家庭
　中国語と日本語を使う　2家庭
　中国語と韓国語を使う　1家庭
●入所するときに不安、心配だったこと
[言語面]
・「ほぼ日本語を話せないので、先生にうまく自分の考えややりたいことを伝えられるかどうかという点が心配しました」
・「言葉を通したコミュニケーションや表現が不足しているため、園で孤独や無力感を感じ、集団生活に溶け込めないのではないかと心配していました」

［環境面］

・「父母共に、子どもが新しい環境になじめるかどうかが心配でした」

［食事面］

・「（家ではミルクは一切飲んでくれず母乳のみ。卒乳前の入所となったため）一番の心配はミルク。何より不安でした」

［人間関係］

・「子どもが外国人であるということで、先生から相手にされないのではないかと心配だった」

・「差別されないか心配だった」

●入所してから困ったこと

・「毎朝子どもから園に行きたくないという話がありました。理由を聞くと、新しい環境に慣れないし、仲が良く一緒に遊んでくれる友達がいなくて寂しいから、とのことでした」

・「いろいろなマナーを身に付けることが最初大変でした」

・「（車を運転できず、雨の日など）布団の持ち帰りが大変」

・「子どもが先生や友達とのコミュニケーションが難しいため、帰宅後に園で起こったことをうまく親に伝えることができなかったこと」

●入所してよかったこと

・「教育の面でも、子どもが生活習慣を身に付けるという面でも、非常に満足しています」

・「園の栄養満タンの離乳食がとても美味しくて、給食レシピを見て、家でもまねして作るとよく食べてくれました」

・「中国人の先生や子どもがいるクラスに入れてくれ、先生の話を聞いてもわからないということがなくなったこと」

・「先生は子どもに対して親切で、差別は一切ありません。そのおかげで園の生活に慣れてきたことが良かったです」

・「先生が子どもたちに親切で、わからないところを根気強く教えてくれるところ。また、体操や英語の授業があり、いろいろな知識を身に付けることができること」

●これから園に望むこと

・「家庭ではできない多彩な遊びの体験をさせてほしいです」

・「子どもに友達づきあいが上手になるよう働きかけをしてほしいです」

・「何よりも雨の日の布団の持ち帰り。状況によりたまには（園で）面倒みてほしい」

・「（保護者に対し）園での子どもの様子をもっとお話ししていただきたい」

・「いろいろな親子イベントを行ってほしいです。遠足や体験など」

＊回答は部分的に要約・意訳を行っています。また、「入所するときに不安、心配だったこと」の［言語面］〜［人間関係］は、回答内容の主旨を便宜上区分したものです。

こうした保護者の声から学べることはたくさんあります。また、外国につながる子どもとその保護者は、日本の子どもや園の職員に異なる文化を知る機会を与えてくれる大事な存在です。言語面で支援するだけではなく、互いの違いを学び、受け入れ、みなが伸びていくこと。そして、さらに先の小学校以降の生活も見据えて、日々の保育の中で日本の文化・習慣を身に付けさせていくことも必要だと感じています。その意味でも、これからも保護者支援を大切に進めていきたいと考えています。

（園長・竹内公子）

解　説　特別なことをしなくとも丁寧な対応が鍵

――昭和保育園の実践――

函館短期大学教授　咲間まり子

第１章の１（p.6）でも記しましたが、未就学の乳幼児数（0～５歳）は11万人で、日本の未就学の乳幼児数557万人の1.9％にあたります。これは、外国につながる人々が増加するに従い、外国につながる子どもたちも増加してきているということです。外国籍保護者のほとんどが、子どもを保育所に預けているとの調査結果（多文化子育てネットワーク、2018年）もあります。また、厚生労働省の発表によると、2021年10月末時点の外国人労働者は約173万人です。外国人労働者の中で最も多い国籍はベトナムで、453,344人と全体の26.2％に上ります。２番目に多い国籍は中国で、その次はフィリピンです。今まで外国人労働者の国籍で最も多かった中国をベトナムが上回った理由は、ベトナム人技能実習生の増加が関係しています。とはいえ、中国からの労働者は相変わらず多く、それに伴い、保育所での中国籍の子どもの受け入れが増えてきており、保育所はもちろん、保育者にとっても外国籍の保護者及び子どもの対応が必要になっています。しかし、このような状況に国としての対応やガイドラインは存在しておらず、現場にその対応が任せられているのが現状です。

認定こども園昭和保育園（以下、昭和保育園）では中国籍の子どもが６名在籍しています。日々の保育の中では、主にコミュニケーションにおいて様々な困りごとが発生しています。

コミュニケーションの重要性は、外国籍を問わず、どのような場面においても非常に大きいとされています。コミュニケーションがうまく取れることにより、周りの人々との人間関係も円滑にすることができるからです。

昭和保育園では、外国籍（中国籍）の保護者６名を対象にアンケートを実施しました。保護者は、「言葉を通したコミュニケーションや表現が不足しているため、園で孤独や無力感を感じ、集団生活に溶け込めないのではないかと心配していました」「子どもが先生や友達とのコミュニケーションが難しいため、帰宅後に園で起こったことをうまく親に伝えることができなかった」と、コミュニケーションにおいての困りごとを示しています。反面、「中国人の先生や子どもがいるクラスに入れてくれ、先生の話を聞いてもわからないということがなくなった」と、入所してよかったこととして園側の配慮をあげています。

このように昭和保育園では、中国人の保育補助者を雇用して、言語面での援助を通して子どもの心を落ち着かせる、連絡ノートもまずは中国語で記入することから始める、わかりにくい部分は個別に説明したりして理解してもらえるように配慮する等、大変丁寧な対応をしています。勿論、保護者と同じ国籍の補助者を雇用することは、ハードルの高い対応です。

しかし、「先生は子どもに対して親切で、差別は一切ありません。そのおかげで園の生活に慣れてきたことが良かったです」との声にあるように、特別な対応も必要ですが、保育者の保護者あるいは子どもに対する態度に「差別は一切ない」という言葉からは、特別なことをしないでも、保育者、あるいは園側に「国籍や民族などの異なる人々が、文化的な違いを認め合い、対等な関係を築き合う」という、多文化共生の態度があればうまくいくことがわかります。

昭和保育園では、保護者の声を大切にしています。入所時の不安やこれから園に望むことなどについて保護者にアンケートを実施し、次に、このアンケート結果をカテゴリー別に整理し、その声に応えられるよう対応しています。例えば、「入所するときに不安、心配だったこと」では、言語・環境・食事・人間関係等、多岐にわたって調査をしています。

さらに、「入所してから困ったこと」「入所してよかったこと」「これから園に望むこと」を丁寧に調べ、保護者の声から学べることはたくさんあると考え、日本の子どもや園の職員に異なる文化を知る機会を与えてくれる大事な存在として外国籍の子どもや保護者を捉えている点、多文化を研究している私にとっても学ぶべき点です。

保育所保育指針、幼保連携型認定こども園教育・保育要領、幼稚園教育要領においても、「異なる文化に触れる活動に親しんだりすることを通じて、社会とのつながりの意識や国際理解の意識の芽生えなどが養われるようにする」ことが示されています。

昭和保育園の実践は、同じような状況にある就学前施設の指標になる実践と言えます。

［2］「ユニバーサル&インクルーシブ」な保育を目指して

幼保連携型認定こども園 長岡こども園（神奈川県横須賀市）

長岡こども園では、こどもたちが自分で“気づく”“考える”“挑戦する”ことができる環境を整えることを目指しています。障害、国籍の壁を越えて、また、特別な支援が必要でない園児たちにとっても、過ごしやすい環境となると確信し、「言葉」に頼らない、「観察保育」に取り組んでいます。園生活における「外国につながる子ども」の保育の取り組みについて、①園児への取り組み、②保護者への取り組みとして実践をご紹介します。

①　園児への取り組み～保育の５領域を軸に関わりや指導計画を作成する～

◆３歳児（男児）・１歳児（女児）の兄妹〔国籍：中国〕

「健　　康」　基本的生活習慣は園生活で身に付ける。
「人間関係」　安心して過ごせる環境と、外国籍であることを意識しない言葉かけ。また、自分の国が誇らしいと感じられるクラスでの取り組み。
「環　　境」　地域の自然や畑での土いじり、給食における様々な食文化など、家庭とは違う環境での体験や経験を積み重ねていく。
「言　　葉」　丁寧な言葉かけでボキャブラリーの増加を促すこと、「聞くこと」が楽しいことにつながるような体験を活動に取り入れる。絵カードを活用し、必要最小限の言葉かけから考えて行動できるようにする。
「表　　現」　感触あそびや感覚あそびを取り入れて、感情の表現が自然に表出できる環境をつくる。「楽しい」という経験を積み重ねる。
◎モンテッソーリ活動も２歳児より取り入れ、集団生活のお約束と少人数の活動でのメリハリのある生活を送る。

外国籍の園児に対する特別な保育ではなく、どの園児にも行っている活動ではありますが、園児たちにその国に対する興味関心を育み、また我々職員自身も興味を持って関われるよう、全体の活動に中国の国旗や絵本、音楽などを取り入れることで、園児自身だけでなく保護者も安心し、それが信頼関係につながっていることを実感しました。

みんなで中国の国旗づくり

②　保護者への取り組み

園生活について、タブレットを活用し、写真を中心としてアプリで毎週伝えています。日々の育児日誌（アプリ）でも、写真を活用し、安心して過ごしている園児の様子を保護者にも見てもらいます。お手紙などは、紙の配布とともに直接口頭で伝えることを心がけています。近年の保護者の傾向として、文章の読み取りに差があることが感じられるため、直接口頭で伝えるということは、どの保護者に対しても丁寧な関わり方となり、園への信頼につながっています。外国籍のご家庭の支援で保育者ができることは、丁寧な保育の実践ということであると感じ、また、日々の保育がユニバーサルであることがインクルーシブな保育につながっていると感じています。

（園長・髙木麻里）

解説　誰にとっても過ごしやすい環境づくり

——長岡こども園の実践——

函館短期大学教授　咲間まり子

幼保連携型認定こども園長岡こども園（以下、長岡こども園）では、国籍の壁を越えて、誰にとっても、過ごしやすい環境になるよう、「言葉」に頼らない、「観察保育」に取り組んでいます。「観察保育」とは、子どもを見守り、子どもの話に耳を傾けるという、保育者なら誰もが保育実践の一環として日々行っていることです。これを外国籍の子どもや保護者対応として実践しています。例えば、園児たちに外国の子どもの出身国に対する興味・関心を育むため、また職員自身も興味を持って関われるよう、全体活動に中国の国旗や絵本、音楽などを取り入れて、園児や保護者に安心感を与え、それが信頼関係につながるという対応です。つまり、外国籍の子どもに対する特別な保育ではなく、どの子どもにも行っている活動という点がキーワードです。勿論、タブレットを活用し、写真を中心としたアプリ等でも伝えています。このことも園への信頼につながっています。

長岡こども園が実践している、子どもの「気づく・考える・挑戦する」ことができる環境整備は、「非認知能力」の力となります。非認知能力とは、数値で測りにくい協調性やコミュニケーション力などの能力全般を意味します。つまり、自身の能力を信じ、自分ならきっとできると目標に向かって頑張る力（気づく）、なかなかうまくいかない際にも、気持ちを切り替えるなど、自分の感情をコントロールする力（考える）、自分では解決できないことも、みんなとうまく関わり、成果を出す力（挑戦する）等です。長岡こども園の取り組みが非認知能力に当たる集中力や忍耐力、コミュニケーション力など様々な力を育てています。そして、この力が、乳幼児期にどのように育つかにより、学童期から成人期にかけてのウェル・ビーング*に影響することがわかってきています。

幼児期の教育については、幼稚園教育要領で「幼児の健やかな成長に資する良好な環境の整備その他適当な方法によって、その振興に努めなければならない」と再確認されており、保育所保育指針、幼保連携型認定こども園教育・保育要領でもその理念は共通です。

また、障害者・高齢者を主な対象として、生活の支障となるものを除去していく考え方にバリアフリーがあります。バリアフリーの環境は高齢者でなくとも、あるいは障害がなくとも、子どもや大人にかかわらず、生活しやすい環境です。年齢や性別、人種などにかかわらず、すべての人が利用しやすい生活環境をデザインする考え方がユニバーサルデザインです。この考えのもと、誰にでも過ごしやすい環境づくりや、子どもの「気づく・考える・挑戦する」ことができる環境整備を進めている長岡こども園の実践は、とても素晴らしい取り組みです。入園してくる外国籍の子どもや保護者の笑顔が浮かびますね。

＊ 1946 年に発表された WHO 憲章では「健康とは完全な肉体的、精神的及び社会的福祉の状態であり、単に疾病又は病弱の存在しないことではない」と記されており、体だけでなく、精神の状態や社会の状態もまた良好な状態であることを意味します。

第2章
保護者支援に役立つ 外国語入り シート・絵カード集

中国語編

1 園生活を伝える例文集

首先、祝贺你的孩子进入保育园。

保育园是代替家长对因家长工作或患病等而不能在家照看的婴幼儿进行保育的地方。

保育园的工作人员为了让孩子们健康、安全、愉快地生活和身心健康成长而不断努力。由于孩子父母的祖国和日本的生活习惯不同、保育方法或许有所不同、但请家长放心、保育员会疼爱和耐心保育孩子们。

希望家长了解和协助我们的工作、以便你的孩子早日习惯保育园的生活並生活得愉快。

入園おめでとうございます。

保育園は、保護者が働いていたり、病気等のために家庭で育児ができない乳幼児を保護者に代わって保育する所です。

保育園の職員は、子どもたちが健康、安全で楽しい生活ができるように、また健やかに心身が発達するように努めています。ご両親のお国と日本の生活習慣が異なるために、育児の方法に多少の違いがあるかもしれませんが、保育者は子どもたちをかわいがり、大切に保育します。

お子さんが保育園での生活に早く慣れ、楽しくすごせるようにご理解とご協力をお願いします。

1. 保育时间
保育時間

平时	上午	时	分～下午	时	分
〈平日〉	午前	時	分～午後	時	分
星期六	上午	时	分～下午	时	分
〈土曜〉	午前	時	分～午後	時	分

2. 休息日
休園日

星期日、国民节日以及年底年初	(	月	日～	月	日)
日曜日、国民の祝日、その他年末年始等	(	月	日～	月	日)

3. 保育费
保育料

保育费请在每月规定日期缴纳。
保育料は毎月決められた日までに納入してください。

中国語
ポルトガル語
ベトナム語
タガログ語
英語
スペイン語

4. 日常生活

(1) 到园、离园

a. 孩子上保育园和回家、请家长负责送接。
b. 送接孩子的人换人时、请事先通知保育园。
c. 请假和送接孩子时间推迟时、请事先通知保育园。
d. 孩子上保育园前、如政府发布暴风、大雨、洪水、大雪等警报及地震警戒宣言时、请家长暂时不要送孩子上保育园。
孩子到保育园后、如政府发布警报等、请家长尽早来接孩子。

(2) 伙食（午餐）

对不满3岁的儿童、提供主食、副食和点心。
对3岁以上的儿童、提供副食和点心。主食由家里准备。
（请家长每月缴纳主食费 ＿＿＿＿＿ 日元）

(3) 其他

a. 家长工作单位、职业和地址改变时、请向保育园申报。
b. 孩子的衣服和携带物品请写上名字。
c. 保育园定期进行避难训练和测量身高体重。

日常生活

(1) 登園・降園

a. 登降園は、保護者が責任をもってお子さんの送り迎えをしてください。
b. 送り迎えをする人を変更する場合には、前もって保育園に連絡をしてください。
c. 欠席の場合や登園・お迎えが遅くなる場合は、前もって保育園に連絡をしてください。
d. 登園前に暴風・大雨・洪水・大雪等の警報および地震の警戒宣言が発令された場合には、登園を見合わせてください。
登園後に発令された場合には、できるだけ早くお迎えに来てください。

(2) 給食（昼食）

3歳未満児には主食・副食とおやつを提供します。
3歳以上児には副食とおやつを提供します。主食はご家庭から持ってきてください。
（主食代として毎月　　　円を納入してください。）

(3) その他

a. 保護者の勤務先や職業、住所が変わった場合には、保育園に届け出てください。
b. お子さんの衣服・持ち物には、名前をつけてください。
c. 保育園では、定期的に避難訓練や身体計測を行います。

5. 健康管理

(1) 孩子生病时应请假、治愈后送保育园。

(2) 孩子患传染性疾病时、会传染给其他孩子、所以请务必请假、直至医生许可上保育园。

(3) 孩子在保育园时、如身体不适、请家长来接。

(4) 保育园原则上不代管孩子的药。（把药交给保育园代管时、请征得主治医生的许可。请务必将药的使用方法告诉保育园。）

(5) 请尽可能让孩子接受规定的预防接种。

(6) 保育园定期请特约医生对孩子们进行体检。

健康管理

(1) お子さんが病気の時には欠席させ、なおってから登園させてください。

(2) お子さんが感染性の病気にかかった場合は、他の子どもに感染しますので、医師の登園許可が出るまで欠席させてください。

(3) 保育中、お子さんの体のぐあいが悪くなった場合には、迎えに来ていただきます。

(4) 保育園では、原則としてお子さんの薬はお預かりしません。（保育園に薬を預ける場合には、主治医の許可を得てください。薬の使用方法については、必ず保育園に知らせてください。）

(5) お子さんは、できるだけ決められた予防接種を受けるようにしてください。

(6) 保育園では、定期的に、嘱託医による子どもの健康診断を行います。

6. 保育园的一天
保育園の一日

检查孩子们到园和健康情况
登園と健康チェック

上午的点心
午前のおやつ

喂奶
授乳

离乳食品
離乳食

果汁
果汁

游戏和活动
遊びや活動

午餐
昼食

喂奶
授乳

离乳食品
離乳食

果汁
果汁

午觉
おひるね

下午的点心
午後のおやつ

喂奶
授乳

离乳食品
離乳食

果汁
果汁

下午的活动
午後の活動

检查健康和离园情况
健康チェックと降園

7. 保育园的活动　主要活动

保育園の行事　主な行事

儿童节
5月5日的儿童节、装饰武士偶人和挂鲤鱼幡、祝贺孩子们健康成长。还吃槲树叶包的豆馅年糕、小朋友们一起愉快地做游戏。

こどもの日
5月5日の子どもの日には、武者人形を飾ったり、鯉のぼりを立てたりして、子どもたちの元気な成長を祝います。また、かしわもちを食べたり、お友達と楽しく遊びます。

郊游
与同组和其他组的小朋友们一起到园外去活动。内容有社会参观和接触大自然、度过愉快的一天。

遠足
クラスのお友達や、他のクラスのお友達と園外保育に出かけます。社会見学をしたり自然に触れたりして、楽しい1日を過ごします。

七夕节
7月7日在签上写上心愿、系在竹子上、祈求天上的星星能如愿以偿。

七夕まつり
7月7日に、短冊に願いごとをかき、笹につけてお星さまに願いをかけるおまつりです。

夏季庙会
父母和孩子一起愉快地跳盂兰盆舞和做游戏、兼有盛夏傍晚乘凉的意思。

夏まつり
暑い夏に夕涼みをかねて、親子で盆おどりをしたりゲームをして楽しみます。

运动会
表演平时经常做的体育游戏和节目、进行各种游戏和运动。请家属也来参加、一起渡过愉快的一天。

運動会
日ごろから親しんでいる体育遊びや表現遊びを発表したり、いろいろなゲームや運動をして遊びます。ご家族も参加して、楽しい1日を過ごしてください。

圣诞节会
保育园的圣诞节会不是宗教性活动。孩子们表演准备的戏剧等节目、大家一起做游戏。

クリスマス会
保育園のクリスマスは、宗教的なものではありません。子どもたちが、今までとりくんだ劇などを発表したり、みんなで遊んだりします。

节分
2月3日大家边呼喊"招福驱鬼"边撒豆、祈求幸福。

節分
2月3日に、「福は内・鬼は外」と言って豆をまき、幸福を願います。

桃花节
3月3日装饰偶人、祝贺孩子们健康成长、愉快地做游戏。

ひなまつり
3月3日に、ひな人形を飾り、子どもたちの元気な成長を祝って楽しく遊びます。

其他

その他

生日会
祝贺孩子们生日的活动。

誕生会
子どもたちの誕生日を祝う行事です。

作品展览会
展出孩子们的作品。

作品展覧会
子どもたちが作った作品を展示します。

捣年糕
元旦前后、大家一起蒸米捣年糕。

もちつき
お正月の前後に、もち米を蒸して、臼に入れ、杵でついて餅を作ります。

除了以上活动之外、还有入园庆祝会、毕业庆祝会、保育参观、地区交流会、生活发表会等活动。

这些活动各地区和保育园有所不同。

以上の他、入園・卒園を祝う会、保育参観、地域との交流会、生活発表会などがあります。

これらの行事は、地域や保育園によって異なります。

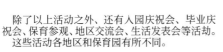

2 シート・絵カード集

到园离园调查表

登降園等調査票

中国語

儿童姓名 児童氏名		**出生年月日** 生年月日 **年** **月** **日** 年 月 日
住址 住所		**电话号码** 電話番号
	父 父	**母** 母
姓名 氏名		
工作单位 勤務先		
工作单位所在地 勤務先住所		
工作单位电话号码 勤務先電話番号 **传真** （ファックス）	**分机** 内線	**分机** 内線
职业 職業	□ **正式雇员** 本採用　□ **临时雇员** 臨時	□ **正式雇员** 本採用　□ **临时雇员** 臨時
工作时间 勤務時間	**平时** 平日 ： ～ ： **星期六** 土曜日 ： ～ ： **休息日** 休日 **星期**____ 曜日	**平时** 平日 ： ～ ： **星期六** 土曜日 ： ～ ： **休息日** 休日 **星期**____ 曜日
送接所需时间 送迎所要時間	**从自宅** ____ **小时** ____ **分** 自宅から 時間 分 **从工作单位** ____ **小时** ____ **分** 勤務先から 時間 分	**从自宅** ____ **小时** ____ **分** 自宅から 時間 分 **从工作单位** ____ **小时** ____ **分** 勤務先から 時間 分
	父 父	**母** 母
送接方法 送迎方法	□ **步行** 徒歩　□ **自行车** 自転車 □ **汽车** 自動車　□ **其他** その他	□ **步行** 徒歩　□ **自行车** 自転車 □ **汽车** 自動車　□ **其他** その他
父母以外的通讯处 両親以外の連絡先		
姓名 氏名		**关系** 関係
电话号码 電話番号 **传真** （ファックス）	**分机** 内線	□ **家属** 家族　□ **亲属** 親族 □ **工作单位同事** 勤務先の人　□ **熟人** 知人
父母以外的通讯处 両親以外の送迎者		
送孩子的人 送る人	**姓名** 氏名	**关系** 関係
电话号码 電話番号 **传真** （ファックス）	**分机** 内線	□ **家属** 家族　□ **亲属** 親族 □ **工作单位同事** 勤務先の人　□ **熟人** 知人
接孩子的人 迎える人	**姓名** 氏名	**关系** 関係
电话号码 電話番号 **传真** （ファックス）	**分机** 内線	□ **家属** 家族　□ **亲属** 親族 □ **工作单位同事** 勤務先の人　□ **熟人** 知人

请填写空栏或在□中打勾。
記入または□のなかに✓印をつけてください。

儿童家庭调查表

児童家庭調査票

中国語

儿童姓名　児童氏名	**男** □男	**女** □女	**出生年月日**　年　月　日 生年月日
住址　住所	**电话**　電話 （　　）	**家长姓名**　保護者氏名	**关系**　続柄

家属姓名 家族氏名	**关系** 続柄	**出生年月日** 生年月日	**职业** 職業	**工作单位、学校电话号码** 勤務先・通学先電話番号	**日语会话** 日本語の会話
家长姓名 保護者氏名		年　月　日		（　　）	□可 □否
		年　月　日		（　　）	□可 □否
		年　月　日		（　　）	□可 □否
		年　月　日		（　　）	□可 □否
		年　月　日		（　　）	□可 □否

健康保险证 健康保険証	□ **国民健康保险**　国民健康保険 **号码**　番号（　　　　）	□ **社会保险**　社会保険 **号码**　番号（　　　　）

孕期状态（母亲） 妊娠中の状態（母親）	**孕期主要异常状态**　妊娠中の主な異常 □ **妊娠中毒症**　妊娠中毒症　□ **贫血**　貧血 □ **感染**　感染症　□ **其他医生指出的异常状态（　　　　）** その他医師から指摘された異常
	孕期生活　妊娠中の生活 □ **抽烟（　　　）根／日**　喫煙していた（　　　）本／日 □ **经常喝酒**　お酒をよく飲んでいた □ **工作**　働いていた
生育状态（母亲） 出産の状態（母親）	**生育时所在国家**　出産した国 □ **日本**　日本　□ **日本以外**　日本以外
	孕期　妊娠期間 **（　　　）周（比预产期早・晚 ＿＿＿ 天）** （　　　）週（予定より　　　日　早い・遅い）
	生育方法　出産方法 □ **普通方法**　普通の方法　□ **骨盘位置（逆产）**　骨盤位（逆子） □ **剖腹产**　帝王切開　□ **其他（　　　　）**　その他
生育时的状态（孩子） 出生時等の状態（子ども）	**出生时的身体情况**　出生時の体格 **体重（　　　）克**　体重 g　**身高（　　　）公分**　身長 cm
	出生时的异常现象　出生時の異常 □ **无**　無し　□ **假死**　仮死　□ **其他（　　　　）**　その他
	新生儿期异常现象　新生児期の異常 □ **重症黄疸**　重症の黄疸　□ **呼吸障碍**　呼吸障害　□ **痉挛**　けいれん □ **感染**　感染症　□ **其他（　　　　）**　その他
出生後的状态（孩子） 生後の状態（子ども）	**发育状态**　発育状態 □ **正常**　順調　□ **不太正常**　あまりよくない

请填写空栏或在□中打勾。

記入または□のなかに✓印をつけてください。

出生后的状态（孩子） 生後の状態（子ども）	**发育状态**　発達状態 □ **立脖**　（　　　　　）**个月**　首すわり　か月 □ **独自走**　（　　　　　）**个月**　独り歩き　か月 □ **开始说话**（　　　　　）**个月**　始語　か月 □ **担心的事**（　　　　　　　　　　　　　　　）心配なこと
	人园前的饮食生活及营养摄取法一婴儿期 入園までの食生活及び栄養法—乳児期 □ **母奶**　母乳栄養　□ **母奶、奶粉混合**　混合栄養　□ **奶粉**　人工栄養 **离乳**　離乳 **开始** ____ **个月**　開始　か月　**结束** ____ **个月**　終了　か月 **离乳情况**　進行状況　□ **好**　良い　□ **一般**　まあまあ　□ **困难**　困難
	人园前的饮食生活及营养摄取法一幼儿期 入園までの食生活及び栄養法—幼児期 **食欲**　食欲 □ **好**　良い　□ **不好**　悪い **挑食**　好き嫌い □ **有**（　　　　　　　　　　　　　　　　　　）あり　□ **无**　無し
	不给吃的东西（□ **宗教原因**　宗教上　□ **过敏**　アレルギー） 食べさせていないもの □ **牛肉**　牛肉　□ **猪肉**　豚肉　□ **鸡肉**　鶏肉 □ **鱼**　魚　□ **鸡蛋**　鶏卵　□ **牛奶**　牛乳 □ **其他**（　　　　　　　　　　　　　　　　　　）その他
	以往得的主要疾病及其年龄　これまでにかかった主な病気とその時期 □ **麻疹**　____ **岁** ____ **个月**　麻疹（はしか）　歳　か月 □ **水痘**　____ **岁** ____ **个月**　水痘（水ぼうそう）　歳　か月 □ **腮腺炎**　____ **岁** ____ **个月**　流行性耳下腺炎（おたふくかぜ）　歳　か月 □ **风疹**　____ **岁** ____ **个月**　風疹　歳　か月 □ **手足口病**　____ **岁** ____ **个月**　手足口病　歳　か月 □ **传染性红斑**　____ **岁** ____ **个月**　伝染性紅斑　歳　か月 □ **其他**（　　　　　　）____ **岁** ____ **个月**　その他　歳　か月
	以往治疗过的伤　これまでの医療を要した事故傷害 □ **骨折**　骨折　□ **烧伤**　やけど　□ **刀伤**　切り傷 □ **误饮**　誤飲　□ **其他**（　　　　　　）その他
	体质等　体質等 □ **易出湿疹**　湿疹ができやすい　□ **哮喘**　ぜん息 □ **服药及其它过敏性症状**（　　　　　　　　　　）薬その他のアレルギー疾患 □ **痉挛（发烧・不发烧）**　ひきつけ（熱あり・熱なし） □ **平时体温**（　　　　**度）**　平熱（　　度）
	以往的预防接种及其年龄 これまでに済ました予防接種とその時期（最後に受けた時期） □ **卡介苗**　____ **岁** ____ **个月**　BCG　歳　か月 □ **白喉**　____ **岁** ____ **个月**　ジフテリア　歳　か月 □ **百日咳**　____ **岁** ____ **个月**　百日咳　歳　か月 □ **破伤风**　____ **岁** ____ **个月**　破傷風　歳　か月 □ **小儿麻痹**　____ **岁** ____ **个月**　ポリオ　歳　か月 □ **风疹**　____ **岁** ____ **个月**　風疹　歳　か月 □ **麻疹**　____ **岁** ____ **个月**　麻疹（はしか）　歳　か月 □ **腮腺炎**　____ **岁** ____ **个月**　流行性耳下腺炎（おたふくかぜ）　歳　か月 □ **日本脑炎**　____ **岁** ____ **个月**　日本脳炎　歳　か月 □ **流感**　____ **岁** ____ **个月**　インフルエンザ　歳　か月 □ **小儿肺炎球菌**　____ **岁** ____ **个月**　小児肺炎球菌　歳　か月 □ **B 型流感嗜血杆菌**　____ **岁** ____ **个月**　ヒブ感染症　歳　か月 □ **乙型肝炎**　____ **岁** ____ **个月**　B 型肝炎　歳　か月 □ **其他**（　　　　　　）____ **岁** ____ **个月**　その他　歳　か月
孩子经常就诊的医疗机构 子どもがかかりつけの医療機関	**医院名称**　病院名・医院名
	所在地　所在地
	电话号码　電話番号　（　　　） **传真**　（ファックス）　（　　　）

中国語

送接时间联络卡
送迎時間等連絡カード

儿童姓名　児童氏名 ＿＿＿＿＿＿＿＿

☐ **到园时间改变。**　登園する時間がかわります。

月　月　**日**　日　**时**　時　**分**　分

☐ **接孩子的时间改变。**　迎えの時間がかわります。

月　月　**日**　日　**时**　時　**分**　分

☐ **送孩子的人换人。**　送って来る人がかわります。

☐ **接孩子的人换人。**　迎えに来る人がかわります。

何时　いつ　　**月**　　**日**

姓名　氏名

☐ **家属**　家族　　☐ **亲属**　親族

☐ **工作单位同事**　勤務先の人　　☐ **熟人**　知人

☐ **工作单位变更**　勤務先がかわります。

☐ **父**　父　　☐ **母**　母

何时起　いつから　　**月**　　**日**

新工作单位　新しい勤務先

工作单位所在地　勤務先住所

工作单位电话号码　勤務先電話番号　　**分机**　内線

传真　ファックス

请填写空栏或在☐中打勾。
記入または☐のなかに✓印をつけてください。

中国語

请假联络卡
欠席連絡カード

儿童姓名　児童氏名 ＿＿＿＿＿＿＿＿

☐ **困如下理由请假。**　次の理由で欠席します。

☐ **困如下理由未来。**　次の理由で欠席しました。

☐ **发烧**　熱が出た　　☐ **感冒**　かぜをひいた

☐ **泄肚**　下痢をした　　☐ **肚子痛**　お腹が痛い

☐ **呕吐**　嘔吐した　　☐ **痉挛**　ひきつけた

☐ **出疹**　発疹が出た　　☐ **牙痛**　歯が痛い

☐ **耳朵痛**　耳が痛い　　☐ **眼睛红**　目が赤い

☐ **受伤**　けがをした　　☐ **家庭旅行**　家族旅行

☐ **有事**　用事ができた　　☐ **缺勤**　仕事が休み

请假日　欠席月日　　**月**　　**日**

请填写空栏或在☐中打勾。
記入または☐のなかに✓印をつけてください。

中国語

健康状态联络卡（身体状态）

健康状態連絡カード（身体の状態）

儿童姓名　児童氏名

向家长汇报孩子在保育园的情况。
保育園での様子をお知らせします。

年　**月**　**日**　**时**
年　月　日　時

体温（　　　　）度。　体温は（　　）度でした。

□ **食欲不太好。**　食欲はあまりありませんでした。

□ **情绪不好、老磨人。**　機嫌が悪く、ぐずってばかりいました。

□ **睡不踏实。**　よく眠りませんでした。

□ **咳嗽。**　咳をしていました。

□ **喘鸣。**　喘鳴（ぜーぜー・ひゅうひゅう）がありました。

□ **流鼻涕。**　鼻汁が出ていました。

□ **打喷嚏。**　くしゃみが出ていました。

□ **呕吐。**　嘔吐しました。

□ **泄肚。**　下痢しました。

□ **肚子痛。**　お腹が痛いようでした。

□ **牙痛。**　歯が痛いようでした。

□ **耳朵痛。**　耳が痛いようでした。

□ **耳朵流脓。**　耳だれが出ていました。

□ **眼睛充血。**　目が充血していました。

□ **有眼屎。**　目やにが出ていました。

□ **出疹。**　発疹が出ていました。

□ **被虫咬。**　虫にさされました。

□ **化脓。**　化膿していました。

□ **痉挛。**　ひきつけました。

中国語

健康状态联络卡（受伤）

健康状態連絡カード（けが）

儿童姓名　児童氏名

向家长汇报孩子在保育园受伤的情况。
保育園でけがをしたのでお知らせします。

年　**月**　**日**　**时**
年　月　日　時

受伤　傷害

□ **拉伤**　切傷
□ **碰伤**　打撲傷
□ **扭伤**　ねんざ
□ **烫伤**　熱傷（やけど）
□ **擦伤**　擦過傷（すり傷）
□ **裂伤**　裂傷
□ **脱臼**　脱臼
□ **吞进异物**　異物挿入
□ **刺伤**　刺傷
□ **骨折**　骨折
□ **咬伤**　咬傷（かみ傷）

治疗　処置

（保育园采取的措施）（保育園で）

□ **消毒**　消毒した
□ **简单治疗**　簡単な手当をした
□ **冷却**　冷やした
□ **让孩子睡**　寝かせておいた

（医疗机构门诊）（医療機関受診）

□ **不需要治疗**　手当を必要としなかった
□ **消毒**　消毒した
□ **透视**　レントゲン検査をした
□ **用石膏绷带固定**　ギプスなどで固定した
□ **除去异物**　異物を除去した
□ **缝合**　縫合した
□ **敷布**　湿布した
□ **下药**　投薬した

今後注意事项　これからの注意事項

□ **可上保育园。**　登園してよい。
□ **出现异常症状时、请到医疗机构就诊。**
変わった症状が出現した時は、医療機関で受診してください。
□ **明天请到医疗机构就诊。**
明日、医療機関で受診してください。
□ **请遵守医生指示用药。**
医師の指示を守って薬を使用してください。
□ **请不要让孩子上保育园。**　保育園を欠席させてください。

携帯物品插图
持ち物絵カード集

中国語

挎包 通園カバン 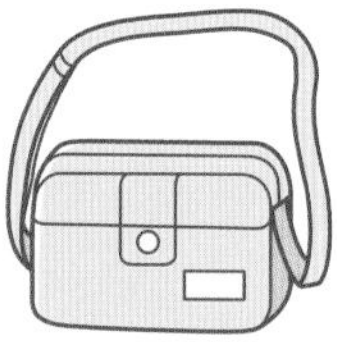	**罩衫** スモック 	**衬衫** シャツ 	**T恤** Tシャツ 	**裤衩** パンツ 
裤子 ズボン 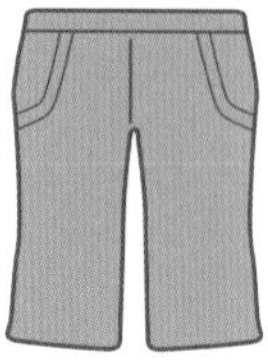	**短裤** 半ズボン 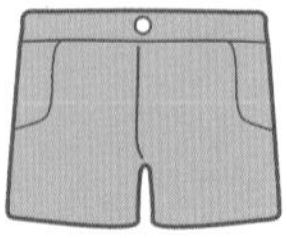	**马甲** ベスト 	**罩衣** ジャンパー 	**手绢** ハンカチ 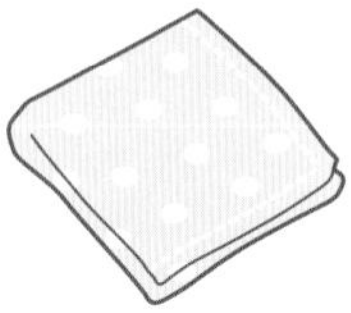
纸巾（薄纸） ポケットティッシュ 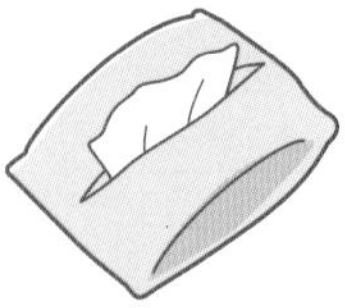	**纸巾（薄纸）（箱型）** ティッシュペーパー （ボックスティッシュ） 	**餐巾** ナフキン 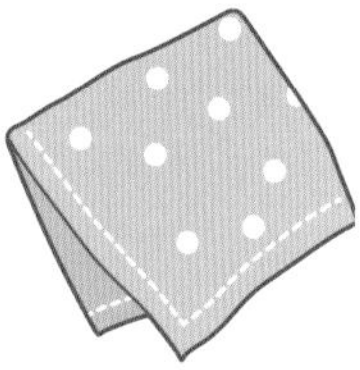	**筷子** 箸 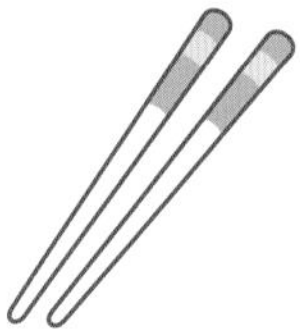	**筷手盒** 箸入れ 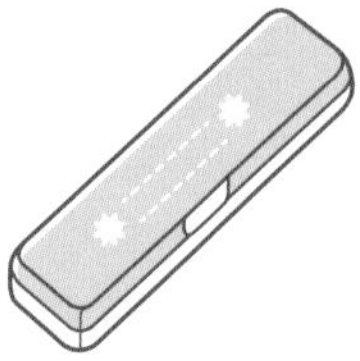
牙刷 歯ブラシ 	**杯子** コップ 	**鞋** 靴 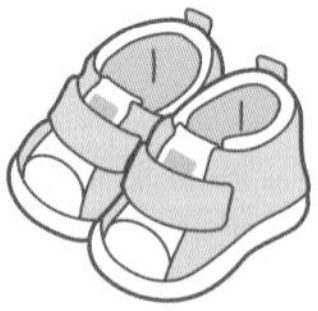	**室内用鞋** 上靴 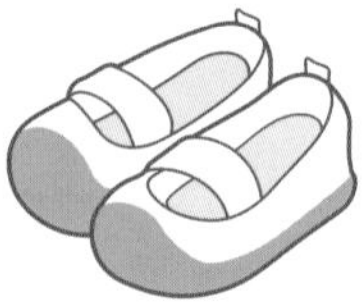	**装鞋袋** 靴入れ 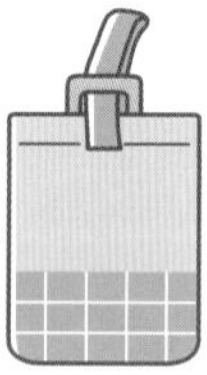
布袋 布袋 	**睡衣袋** パジャマ袋 	**睡衣** パジャマ 	**泳装** 水着 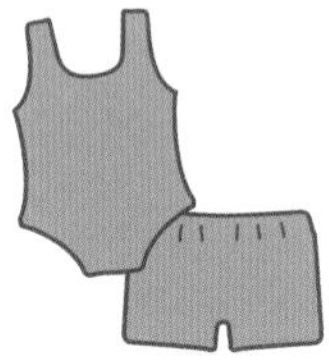	**游泳帽** 水泳帽 

塑料袋 ビニール袋 	**擦脸巾** フェイスタオル 	**小毛巾** ハンドタオル 	**浴巾** バスタオル 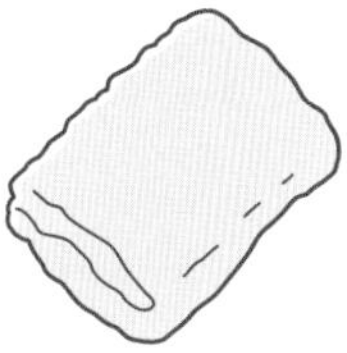	**抹布** 雑巾 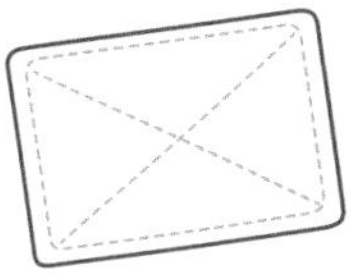
手提塑料袋 手さげビニール袋 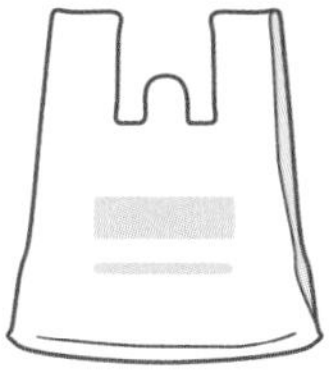	**雨伞** 傘 	**雨衣** レインコート（カッパ） 	**雨鞋** 長靴 	**水壶（水、茶）** 水筒（水またはお茶） 
背包 リュックサック 	**被褥上** 掛布団 	**被褥下** 敷布団 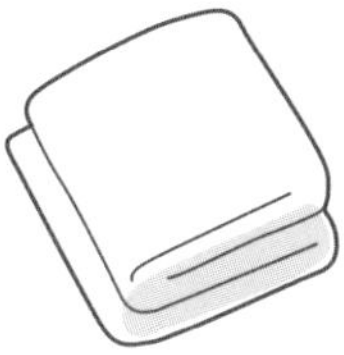	**床单** シーツ 	**婴儿毛毯** ベビー毛布 
尿布 おむつ 	**尿布罩** おむつカバー 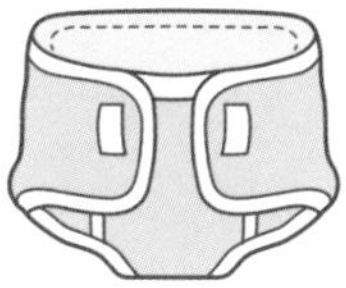	**围嘴** エプロン 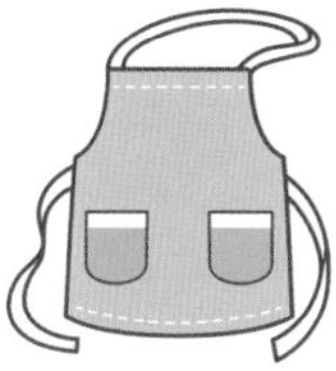	**围嘴（婴儿围嘴）** エプロン （食事用よだれかけ） 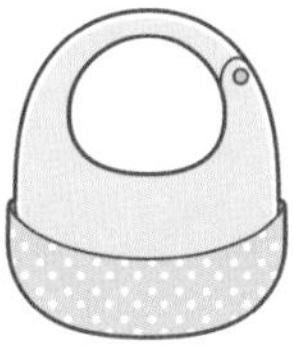	**袜子** くつ下 
帽子 帽子 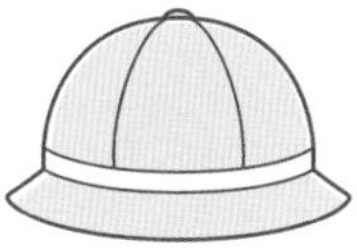	**盒饭** お弁当 			

第2章 保護者支援に役立つ 外国語入り シート・絵カード集

ポルトガル語編

1 園生活を伝える例文集

Nossos cumprimentos pelo ingresso do seu filho a Creche.

Este sistema foi instituido para propiciar um cuidado infantil aos pais que estão ausentes para o trabalho ou atarefados para assistência a familiares doentes.

Os funcionários das Creches são preparados para que zelem pela saúde e segurança da criança, além de lhes propiciar uma vida salutar e alegre, o que resulta no crescimento balizado tanto físico como psicológico. Talvés existam diferenças devido a hábitos que por ventura sejam diversos dos vigentes no seu país e no Japão. Porém, as crianças são tratadas e cuidadas com um máximo de carinho e todos zelam pelo seu bem estar. Leia o presente guia para que compreenda o sistema vigente no Japão.

Esperamos que a criança venha a se integrar rápidamente ao sistema de Creche, e se divirta bastante. Para tal contamos com a sua compreensão e colaboração.

入園おめでとうございます。

保育園は、保護者が働いていたり、病気等のために家庭で育児ができない乳幼児を保護者に代わって保育する所です。

保育園の職員は、子どもたちが健康、安全で楽しい生活ができるように、また健やかに心身が発達するように努めています。ご両親のお国と日本の生活習慣が異なるために、育児の方法に多少の違いがあるかもしれませんが、保育者は子どもたちをかわいがり、大切に保育します。

お子さんが保育園での生活に早く慣れ、楽しくすごせるようにご理解とご協力をお願いします。

1. Hórario de funcionamento
保育時間

dias normais: das______horas______minutos da manhã até　　às ______horas______minutos da tarde
〈平日〉　午前　　時　　分 ～　　午後　　時　　分

sábados: das______horas______minutos da manhã até　　às ______horas______minutos da tarde
〈土曜〉　午前　　時　　分 ～　　午後　　時　　分

2. Dias em que não há expendientes
休園日

Aos domingos, feriados nacionais e nos feriados do final de ano (de______à ______) ～ (de______à ______)
日曜日、国民の祝日、その他年末年始等　（　　月　　日～　　月　　日）

3. Taxa mensal
保育料

A taxa mensal deverá ser recolhida mensalmente até a data do seu vencimento.
保育料は毎月決められた日までに納入してください。

4. Vida diária

(1) Chegada e retôrno da Creche

a. Os pais ou os responsáveis deverão acompanhar a criança tanto na chegada como no retôrno da Creche.

b. Quando outras pessoas forem acompanhar a criança, o fato deverá ser comunicado a priori.

c. Quando a criança necessitar de se ausentar, ou quando o horário de retôrno for se prorrogar, comunicar atencipadamente o fato à Creche.

d. Quando houver anúncio de tufão, chuvas torrenciais, inundações, nevascas ou terremotos, procurar se inteirar da situação antes de enviar a criança à Creche.
Quando o alerta for emitido após a partida da criança à Creche, procurar busca-la o mais rápido possível.

日常生活

(1) 登園・降園

a. 登降園は、保護者が責任をもってお子さんの送り迎えをしてください。

b. 送り迎えをする人を変更する場合には、前もって保育園に連絡をしてください。

c. 欠席の場合や登園・お迎えが遅くなる場合は、前もって保育園に連絡をしてください。

d. 登園前に暴風・大雨・洪水・大雪等の警報および地震の警戒宣言が発令された場合には、登園を見合わせてください。
登園後に発令された場合には、できるだけ早くお迎えに来てください。

(2) Merenda (Almoço)

Para crianças menores de 3 anos, serão fornecidos uma-refeição principal, uma refeição secundária e um lanche.
Para crianças maiores de 3 anos, serão fornecidos uma refeição secundária e um lanche. A refeição principal (pão o arroz) deverá ser trazida das respectivas casas. (Abonar mensalmente ____ yens referentes a taxa de de refeição principal).

(2) 給食（昼食）

3歳未満児には主食・副食とおやつを提供します。
3歳以上児には副食とおやつを提供します。主食はご家庭から持ってきてください。（主食代として毎月　　　円を納入してください。）

(3) Outros

a. Quando houver alteração do local de emprego, profissão ou endereço dos pais, comunicar imediatamente a mudança à Creche.

b. Colocar o nome da criança, nos seus pertences e nas suas roupas.

c. A Creche realiza periodicamente treinamento para refúgio e medições clínicas para acompanhamento do crescimento.

(3) その他

a. 保護者の勤務先や職業、住所が変わった場合には、保育園に届け出てください。

b. お子さんの衣服・持ち物には、名前をつけてください。

c. 保育園では、定期的に避難訓練や身体計測を行います。

5. Controle da saúde

(1) Quando a criança estiver doente, deixa-la em casa. Frequentar a Creche quando estiver totalmente curada.

(2) Quando a criança for afetada com doenças contagiosas, deverá permanecer em casa até a alta médica, a fim de evitar a sua propagaçao a outras crianças.

(3) Quando a criança se adoecer durante o período de guarda, será solicitado aos pais para que venham busca-la.

(4) Por norma, a Creche não receberá remédios para medicar criança. (Porém nas situações imperativas, será permitido desde que haja a autorização do médico principal. O processo de medicação deverá ser comunicado impreterivelmente à Creche.)

(5) A criança deverá ser vacinada conforme as regas da vacinação.

(6) A Creche promoverá periodicamente o exame médico das crianças, a ser realizada pelo médico assinalado para tal.

健康管理

(1) お子さんが病気の時には欠席させ、なおってから登園させてください。

(2) お子さんが感染性の病気にかかった場合は、他の子どもに感染しますので、医師の登園許可が出るまで欠席させてください。

(3) 保育中、お子さんの体のぐあいが悪くなった場合には、迎えに来ていただきます。

(4) 保育園では、原則としてお子さんの薬はお預かりしません。（保育園に薬を預ける場合には、主治医の許可を得てください。薬の使用方法については、必ず保育園に知らせてください。）

(5) お子さんは、できるだけ決められた予防接種を受けるようにしてください。

(6) 保育園では、定期的に、嘱託医による子どもの健康診断を行います。

6. O dia na Creche
保育園の一日

Chegada à Creche e
verificação da sua saúde
登園と健康チェック

Lanche matinal
午前のおやつ

Mamadeira
授乳

Alimento sólido
離乳食

Suco de frutas
果汁

Atividades recreativas
遊びや活動

Almoço
昼食

Mamadeira
授乳

Alimento sólido
離乳食

Suco de frutas
果汁

Repouso
おひるね

Lanche vespertino
午後のおやつ

Mamadeira
授乳

Alimento sólido
離乳食

Suco de frutas
果汁

Atividades da tarde
午後の活動

Verificação da saúde
e retôrno à casa
健康チェックと降園

7. Atividades da Creche
Atividades Principais

保育園の行事
主な行事

Dia do Menino

Em 5 de Maio se celebra o Dia do Menino. Será preparado o boneco do guerreiro (Musha Ningyo) e a carpa-içada no poste(Koinobori). Visa desejar bom crescimento e saúde às crianças. Será oferecido KASHIWAMOCHI e programadas brincadeiras para que se possam divertir com os amiguinhos.

こどもの日

５月５日の子どもの日には、武者人形を飾ったり、鯉のぼりを立てたりして、子どもたちの元気な成長を祝います。また、かしわもちを食べたり、お友達と楽しく遊びます。

Passeio(Ensoku)

Será programado um passeio externo, junto com os colegas e amiguinhos de outras classes. Serão visitados locais de interesse social e também propiciado um contato com a natureza.

遠足

クラスのお友達や、他のクラスのお友達と園外保育に出かけます。社会見学をしたり自然に触れたりして、楽しい１日を過ごします。

Festa das Estrelas(Tanabata)

Em 7 de Julho serão escritos os desejos nos cartões TANZAKU e pendurados em galhos de bambu, solicitando para que as estrelas realizem o seu desejo.

七夕まつり

７月７日に、短冊に願いごとをかき、笹につけてお星さまに願いをかけるおまつりです。

Festa do verão

Nos dias quentes de verão, serão programados atividades conjuntas com os pais como dança de BON-ODORI e jogos.

夏まつり

暑い夏に夕涼みをかねて、親子で盆おどりをしたりゲームをして楽しみます。

Competição esportiva(UNDOKAI)

Serão feitas as apresentações das atividades de educação física assimiladas e outras formas de expressão, além de jogos e práticas desportivas. Trata-se de um dia de festa para as crianças com a participação da família.

運動会

日ごろから親しんでいる体育遊びや表現遊びを発表したり、いろいろなゲームや運動をして遊びます。ご家族も参加して、楽しい１日を過ごしてください。

Natal(KURISUMASU)

A festa de Natal na Creche não tem conotação religiosa. Serão apresentadas encenações preparadas pelas crianças, além de outras brincadeiras e diversões.

クリスマス会

保育園のクリスマスは、宗教的なものではありません。子どもたちが、今までとりくんだ劇などを発表したり、みんなで遊んだりします。

SETSUBUN

Em 3 de fevereiro realiza-se a festa do SETSUBUN, onde são atirados feijões de soja, dizendo "FUKU WA UHI(a sorte venha para dentro) ONI WA SOTO (o mau para fora)". Trata-se de uma forma de desejar a sorte e felicidade.

節分

２月３日に、「福は内・鬼は外」と言って豆をまき、幸福を願います。

Festa da Menina (HINAMATSURI)

Em 3 de março enfeitam-se as bonecas(HINA NINGYO). Trata-se de uma forma de desejar um crescimento saido das crianças.

ひなまつり

３月３日に、ひな人形を飾り、子どもたちの元気な成長を祝って楽しく遊びます。

OUTROS

その他

Festa de aniversário

Trata-se da atividade para comemorar o aniversário das crianças.

誕生会

子どもたちの誕生日を祝う行事です。

Exposição dos trabalhos

É organizado a exposição dos trabalhos infantis.

作品展覧会

子どもたちが作った作品を展示します。

Preparação do MOCHI (MOCHI TSUKI)

Antes e dopois das festas de Ano Novo, faz-se o mochi, cozinhando o arroz com vapor e depois socado em USU (pilão de madeira) com KINE (batedor).

もちつき

お正月の前後に、もち米を蒸して、臼に入れ、杵でついて餅を作ります。

Existem outras atividades tais como a festa de início das aulas, de formatura, de visita dos pais, de intercâmbio, com a comunidade, de apresentação da vida diária, etc.
Estas atividades variam de Creche para Creche.

　以上の他、入園・卒園を祝う会、保育参観、地域との交流会、生活発表会などがあります。
　これらの行事は、地域や保育園によって異なります。

2 シート・絵カード集

Detalhes Relativos a Chegada à Creche e Retorno da Criança

登降園等調査票

ポルトガル語

Nome da criança 児童氏名		Data de nascimento 生年月日 ano ____ mês ____ dia ____ 年 月 日
Endereço 住所		Telefone 電話番号
	Pai 父	Mãe 母
Nome 氏名		
Emprego 勤務先		
Endereço comercial 勤務先住所		
Telefone comercial 勤務先電話番号 (FAX) (ファックス)	Ramal 内線	Ramal 内線
Profissão 職業	□ Funcionário registrado 本採用 □ Temporário 臨時	□ Funcionário registrado 本採用 □ Temporário 臨時
Horário de trabalho 勤務時間	Dias úteis 平日 : 〜 : Sábados 土曜日 : 〜 : Descanço ( ) dia/semana 休日 曜日	Dias úteis 平日 : 〜 : Sábados 土曜日 : 〜 : Descanço ( ) dia/semana 休日 曜日
Tempo necessário para buscar a criança 送迎所要時間	A partir da casa: ____ horas ____ min. 自宅から 時間 分 A partir do emprego: ____ horas ____ min. 勤務先から 時間 分	A partir da casa: ____ horas ____ min. 自宅から 時間 分 A partir do emprego: ____ horas ____ min. 勤務先から 時間 分
Meio de transporte para busca e retorno 送迎方法	Pai 父 □ A pé 徒歩 □ De bicicleta 自転車 □ De automóvel 自動車 □ Outros その他	Mãe 母 □ A pé 徒歩 □ De bicicleta 自転車 □ De automóvel 自動車 □ Outros その他

Nome para contato além dos pais 両親以外の連絡先

Nome 氏名		Relação 関係
Telefone 電話番号 (Fax) (ファックス)	Ramal 内線	□ Família 家族 □ Parente 親族 □ Colega de trabalho 勤務先の人 □ Conhecido 知人

Outros pessoas para busca da criança além dos pais 両親以外の送迎者

Para trazer 送る人	Nome 氏名	Relação 関係
Telefone 電話番号 (Fax) (ファックス)	Ramal 内線	□ Família 家族 □ Parente 親族 □ Colega de trabalho 勤務先の人 □ Conhecido 知人
Para buscar 迎える人	Nome 氏名	Relação 関係
Telefone 電話番号 (Fax) (ファックス)	Ramal 内線	□ Família 家族 □ Parente 親族 □ Colega de trabalho 勤務先の人 □ Conhecido 知人

Preencher ou assinalar nos espaços devidos com ✓

記入または□のなかに✓印をつけてください。

Pesquisa Sobre a Família da Criança

児童家庭調査票

ポルトガル語

Nome da criança　児童氏名	Masculino □男	Femenino □女	Data de nascimento 生年月日	ano _____ mês _____ dia _____ 年　月　日
Endereço　住所	Telefone　電話 (　　)	Nome do responsável　保護者氏名		Relação familiar 続柄

Nome dos familiares 家族氏名	Relação familiar 続柄	Data de nascimento 生年月日	Profissão 職業	Telefone do emprego, da escola 勤務先・通学先電話番号	Domínio da lingua japonesa 日本語の会話
Nome do responsável 保護者氏名		ano ___ mês ___ dia ___ 年　月　日		(　　)	□sim　可 □não　否
		ano ___ mês ___ dia ___ 年　月　日		(　　)	□sim　可 □não　否
		ano ___ mês ___ dia ___ 年　月　日		(　　)	□sim　可 □não　否
		ano ___ mês ___ dia ___ 年　月　日		(　　)	□sim　可 □não　否
		ano ___ mês ___ dia ___ 年　月　日		(　　)	□sim　可 □não　否

Seguro Saúde 健康保険証	□Seguro Saúde Público　国民健康保険 Número　番号（　　　　　　　　）	□Seguro Saúde Privado　社会保険 Número　番号（　　　　　　　　）

Período de gestação (da mãe) 妊娠中の状態（母親）	Anomalias durante a gravidez　妊娠中の主な異常 □Rejeição da gravidez　妊娠中毒症　□Anemia　貧血 □Contágio (　　　　　)　感染症　□Outras anomalias diagnosticadas pelo médico (　　　　　　)その他医師から指摘された異常
	Vida durante a gravidez　妊娠中の生活 □Fumou (　　) cigarros/dia　喫煙していた（　　）本／日 □Tomou bebidas alcoólicas　お酒をよく飲んでいた □Trabalhou　働いていた
Detalhes do parto (da mãe) 出産の状態（母親）	País em que houve o parto　出産した国 □Japão　日本　□Outros (　　　　　　)　日本以外
	Período de gravidez　妊娠期間 (　　) semanas (antecipado/atrazado por (　　) dias em relação ao previsto) (　　) 週（予定より　　日　早い・遅い）
	Tipo de parto　出産方法 □Parto normal　普通の方法　□De pelvis (posição invertida)　骨盤位（逆子） □Cesariana　帝王切開　□Outros (　　　　　　)　その他
Condições do parto (da criança) 出生時等の状態（子ども）	Estrutura física do recém-nascido　出生時の体格 Pêso (　　　　) g　体重 g　Altura (　　　　) cm　身長 cm
	Anomalia durante o parto　出生時の異常 □Normal　無し　□Afixia　仮死　□Outros (　　　　　　)　その他
	Anomalia no recém-nascido　新生児期の異常 □Icterícia aguda　重症の黄疸　□Bloqueio respiratório　呼吸障害　□Convulsão　けいれん □Contágio　感染症　□Outros (　　　　　　)　その他
Estado pós-parto (da criança) 生後の状態（子ども）	Condição de crescimento　発育状態 □Normal　順調　□Não adequado　あまりよくない

Preencher ou assinalar nos espaços devidos com ✓

記入または□のなかに✓印をつけてください。

Estado pós-parto (da criança)
生後の状態（子ども）

Estágio de desenvolvimento　発達状態
□ Assentamento do pescoço: (　　　) meses　首すわり　か月
□ Andar: (　　　) meses　独り歩き　か月
□ Primerias palavras: (　　　) meses　始語　か月
□ Preocupações ________________　心配なこと

Regime alimentar e fontes de nutrientes até a data de ingresso à Creche-fase de amamentação
入園までの食生活及び栄養法—乳児期
□ Peito materno　母乳栄養　□ Regime misto　混合栄養　□ Artificial　人工栄養
Início de alimentos sólidos　離乳
(A partir de　　　meses)　開始　か月　(Término aos　　　meses)　終了　か月
Progresso　進行状況　□ Bom　良い　□ Regular　まあまあ　□ Difícil　困難

Regime alimentar e fontes de nutrientes até a data de ingresso à Creche-fase de infante
入園までの食生活及び栄養法—幼児期
Apetite　食欲
□ Bom　良い　□ Ruim　悪い
Preferência　好き嫌い
□ Sim　あり　□ Não　無し

Alimentos que não são fornecidos（□ Razão religiosa　宗教上　□ Alergia　アレルギー）
食べさせていないもの
□ Carne de gado　牛肉　□ Carne de porco　豚肉　□ Carne de frango　鶏肉
□ Peixe　魚　□ Ovos　鶏卵　□ Leite　牛乳
□ Outros (　　　　　　　　　　　　　　　　)　その他

Principais doenças sofridas e a época da sua ocorrência　これまでにかかった主な病気とその時期
□ Sarampo　______ anos ______ meses　麻疹（はしか）　歳　か月
□ Catapora/varicela　______ anos ______ meses　水痘（水ぼうそう）　歳　か月
□ Cachumba　______ anos ______ meses　流行性耳下腺炎（おたふくかぜ）　歳　か月
□ Rubéola　______ anos ______ meses　風疹　歳　か月
□ Apterigia　______ anos ______ meses　手足口病　歳　か月
□ Eritema contagiosa　______ anos ______ meses　伝染性紅斑　歳　か月
□ Outros (　　　　　　)　______ anos ______ meses　その他　歳　か月

Acidentes que necessitaram cuidado médico　これまでの医療を要した事故傷害
□ Fratura　骨折　□ Queimadura　やけど　□ Corte　切り傷
□ Injerir produtos nocivos por acidente　誤飲　□ Outros (　　　　　　)　その他

Natureza física　体質等
□ Eczema　湿疹ができやすい　□ Asma　ぜん息
□ Outras manifestações alérgicas e de remédios (　　　　　　　)　薬その他のアレルギー疾患
□ Contrações (com febre, sem febre)　ひきつけ（熱あり・熱なし）
□ Temperatura (　　　graus)　平熱（　　度）

Vacinas e época da última aplicação
これまでに済ました予防接種とその時期（最後に受けた時期）
□ Vacina BCG　______ anos ______ meses　BCG　歳　か月
□ Difteria　______ anos ______ meses　ジフテリア　歳　か月
□ Tosse comprida　______ anos ______ meses　百日咳　歳　か月
□ Tétano　______ anos ______ meses　破傷風　歳　か月
□ Poliomelite　______ anos ______ meses　ポリオ　歳　か月
□ Rubéola　______ anos ______ meses　風疹　歳　か月
□ Sarampo　______ anos ______ meses　麻疹（はしか）　歳　か月
□ Cachumba　______ anos ______ meses　流行性耳下腺炎（おたふくかぜ）　歳　か月
□ Encefalite japonesa　______ anos ______ meses　日本脳炎　歳　か月
□ Gripe　______ anos ______ meses　インフルエンザ　歳　か月
□ Pneumococo pediátrico　______ anos ______ meses　小児肺炎球菌　歳　か月
□ Hib　______ anos ______ meses　ヒブ感染症　歳　か月
□ Hepatite B　______ anos ______ meses　B型肝炎　歳　か月
□ Outros (　　　　　　)　______ anos ______ meses　その他　歳　か月

Orgão Médico onde a criança costuma ser medicada
子どもがかかりつけの医療機関

Nome do médico ou do hospital　病院名・医院名

Endereço　所在地

Telefone　電話番号　(　　　)
(Fax)（ファックス）　(　　　)

ポルトガル語

Cartão de Comunicação do Horário de Ida e de Busca

送迎時間等連絡カード

Nome da criança　児童氏名 ____________________

☐ O horário de ida à Creche será.　登園する時間がかわります。
mês _____ dia _____ hora _____ min._____
月　日　時　分

☐ O horário de busca à Creche será.　迎えの時間がかわります。
mês _____ dia _____ hora _____ min._____
月　日　時　分

☐ Uma outra pessoa levará a criança.　送って来る人がかわります。

☐ Uma outra pessoa apanhará a criança.　迎えに来る人がかわります。

Em data: mês _____ dia _____
いつ　月　日

Nome　氏名

☐ Da família　家族　　☐ Parente　親族

☐ Pessoa do emprego　勤務先の人　　☐ Amigo　知人

☐ Houve a mudança do local de emprêgo do(a)　勤務先がかわります。

☐ Pai　父　　☐ Mãe　母

A partir de mês _____ dia _____
いつから　月　日

Nome da nova empresa　新しい勤務先

Endereço comercial　勤務先住所

Telefone comercial　勤務先電話番号　　Ramal　内線
(Fax)　ファックス

Preencher ou assinalar nos espaços devidos com ✓
記入または☐のなかに✓印をつけてください。

ポルトガル語

Cartão de Comunicação da Ausência

欠席連絡カード

Nome da criança　児童氏名 ____________________

☐ Irá faltar devido a razão abaixo:　次の理由で欠席します。

☐ Faltou devido a razão abaixo:　次の理由で欠席しました。

☐ Está com febre　熱が出た　　☐ Está gripado(a)　かぜをひいた

☐ Está com diarréia　下痢をした　　☐ Está com dor de barriga　お腹が痛い

☐ Está com vômito　嘔吐した　　☐ Está com convulsão　ひきつけた

☐ Está com erupção　発疹が出た　　☐ Está com dor de dente　歯が痛い

☐ Está com dor de ouvido　耳が痛い　　☐ Está com o olho vermelho　目が赤い

☐ Machucou-se　けがをした　　☐ Viagem da família　家族旅行

☐ Surgiu um imprevisto　用事ができた　　☐ O trabalho está desligado　仕事が休み

Data da ausência: mês_______ dia _______
欠席月日　月　日

Preencher ou assinalar nos espaços devidos com ✓
記入または☐のなかに✓印をつけてください。

ポルトガル語

Cartão para Comunicação do Estado de Saúde (condição física)

健康状態連絡カード（身体の状態）

Nome da criança　児童氏名 ______________________

Estamos lhe informando os detalhes da criança na Creche.
保育園での様子をお知らせします。

na data de ano _____ mês _____ dia _____ hora _____
年　月　日　時

A temperatura do corpo foi de (　　　) graus.　体温は（　　）度でした。

- ☐ Esteve sem apetite.　食欲はあまりありませんでした。
- ☐ Esteve resmungando o tempo todo.　機嫌が悪く、ぐずってばかりいました。
- ☐ Não dormiu bem.　よく眠りませんでした。
- ☐ Esteve tossindo.　咳をしていました。
- ☐ O pulmão estava chiando (assobiando).　喘鳴（ぜーぜー・ひゅうひゅう）がありました。
- ☐ Estava com o nariz escorrendo.　鼻汁が出ていました。
- ☐ Estava espirrando.　くしゃみが出ていました。
- ☐ Vomitou.　嘔吐しました。
- ☐ Estava com diarréia.　下痢しました。
- ☐ Parece estar com dor de barriga.　お腹が痛いようでした。
- ☐ Parece estar com dor de dente.　歯が痛いようでした。
- ☐ Parece estar com dor de ouvido.　耳が痛いようでした。
- ☐ Esteve com escorrimento no ouvido.　耳だれが出ていました。
- ☐ Esteve com o olho avermelhado.　目が充血していました。
- ☐ Apresentou escorrimento ocular.　目やにが出ていました。
- ☐ Apresentou irritação da pele.　発疹が出ていました。
- ☐ Foi mordido por um inseto.　虫にさされました。
- ☐ Apresentou pústula.　化膿していました。
- ☐ Apresentou convulsão.　ひきつけました。

ポルトガル語

Cartão para Comunicação do Estado de Saúde (acidente)

健康状態連絡カード（けが）

Nome da criança　児童氏名 ______________________

Estamos lhe informando que a criança acima se acidentou.
保育園でけがをしたのでお知らせします。

na Creche, na data de ano _____ mês _____ dia _____ hora _____
年　月　日　時

Acidente　傷害

- ☐ Corte　切傷
- ☐ Hematoma　打撲傷
- ☐ Torção　ねんざ
- ☐ Queimadura　熱傷（やけど）
- ☐ Abrasão　擦過傷（すり傷）
- ☐ Laceração　裂傷
- ☐ Luxação / Desarticulação　脱臼
- ☐ Introdução de objeto estranho　異物挿入
- ☐ Ferida de facada　刺傷
- ☐ Fratura　骨折
- ☐ Mordida　咬傷（かみ傷）

Medidas tomadas　処置
(Na Creche)　（保育園で）

- ☐ Foi desinfetado　消毒した
- ☐ Foi feito um tratamento simplificado　簡単な手当をした
- ☐ Foi feito uma compressa　冷やした
- ☐ Permaneceu deitado　寝かせておいた

(Diagnóstico médico)　（医療機関受診）

- ☐ O tratamento não foi necessário　手当を必要としなかった
- ☐ Foi desinfetado　消毒した
- ☐ Foi tirado um raio X　レントゲン検査をした
- ☐ Foi engessado　ギプスなどで固定した
- ☐ Removeu-se o material　異物を除去した
- ☐ Levou pontos　縫合した
- ☐ Foi enfaixado　湿布した
- ☐ Foi medicado　投薬した

Cuidados Adicionais:　これからの注意事項

- ☐ Poderá frequentar a Creche.　登園してよい。
- ☐ Se apresentar sintomas da doença, levar a criança ao médico.
  変わった症状が出現した時は、医療機関で受診してください。
- ☐ Levar a criança ao médico, amanhã pela manhã.
  明日、医療機関で受診してください。
- ☐ Medicar a criança conforme a recomendação do médico.
  医師の指示を守って薬を使用してください。
- ☐ A criança não deverá frequentar a Creche.　保育園を欠席させてください。

Coletânea de Pertences Pessoais
持ち物絵カード集

ポルトガル語

Bolsa escolar 通園カバン 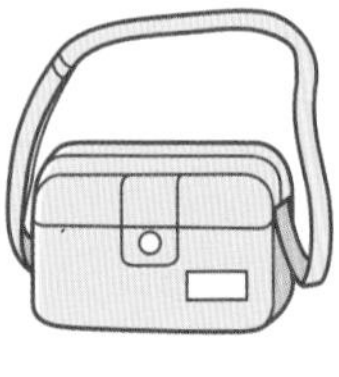	Avental スモック 	Camisa シャツ 	Camiseta T シャツ 	Cueca パンツ 
Calça ズボン 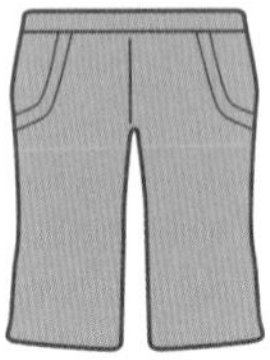	Calça curta 半ズボン 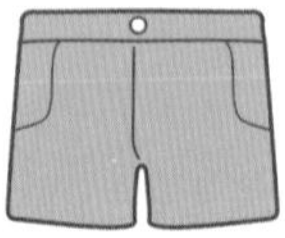	Colete ベスト 	Blusão ジャンパー 	Lenço ハンカチ 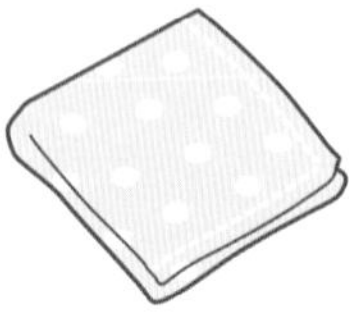
Lenço de papel ポケットティッシュ 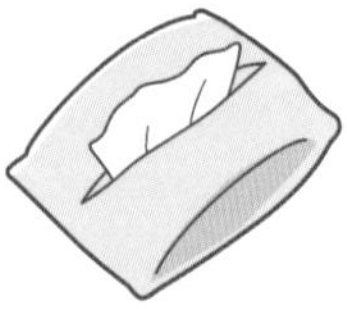	Lenço de papel ティッシュペーパー （ボックスティッシュ） 	Guardanapo ナフキン 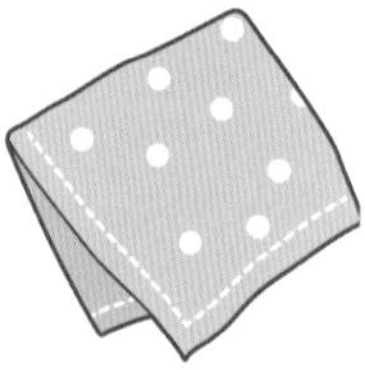	Hashi (pauzinho) 箸 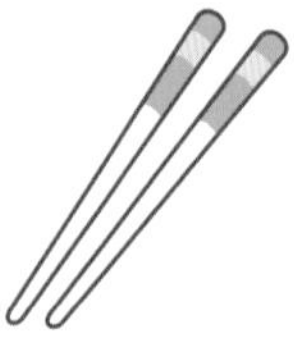	Estojo para hashi 箸入れ 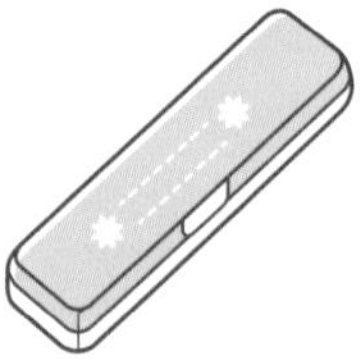
Escova de dente 歯ブラシ 	Copo コップ 	Sapato 靴 	Calçado para ambiente interno 上靴 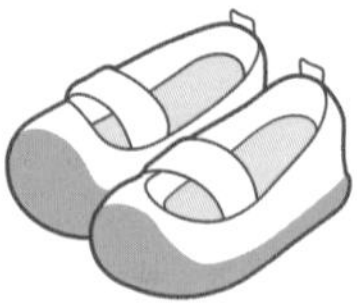	Bolsa para calçado 靴入れ 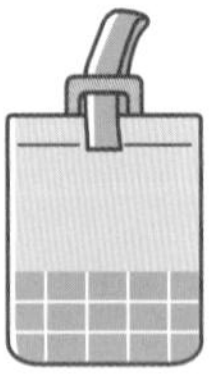
Bolsa de tecido 布袋 	Saco para pijama パジャマ袋 	Pijama パジャマ 	Roupa de natação 水着 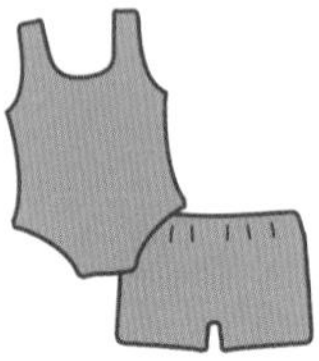	Chapéu de natação 水泳帽 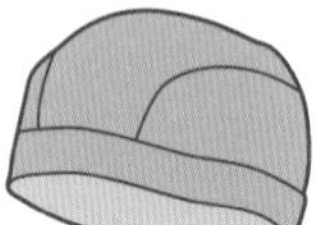

ポルトガル語

Saco plástico ビニール袋 	Toalha de rosto フェイスタオル 	Toalha de mão ハンドタオル 	Toalha de banho バスタオル 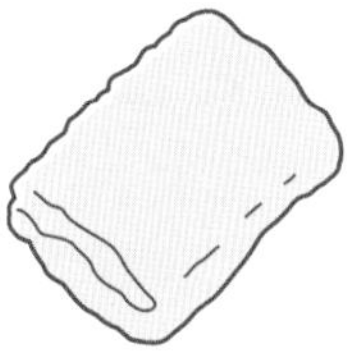	Pano para limpeza 雑巾 
Sacola plástica 手さげビニール袋 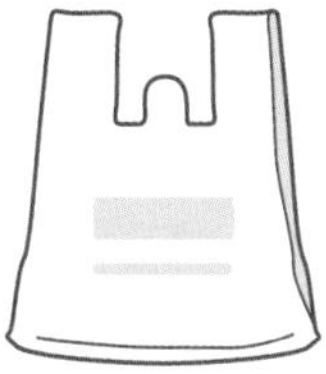	Guarda-chuva 傘 	Capa de chuva レインコート（カッパ） 	Bota de chuva 長靴 	Cantil (água, chá) 水筒（水またはお茶） 
Mochila リュックサック 	Futon (colchoado) 掛布団 	Futon (colchão) 敷布団 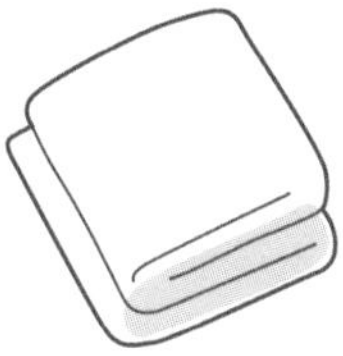	Lençol シーツ 	Cobertor para bebe ベビー毛布 
Fraudas おむつ 	Protetor de fraudas おむつカバー 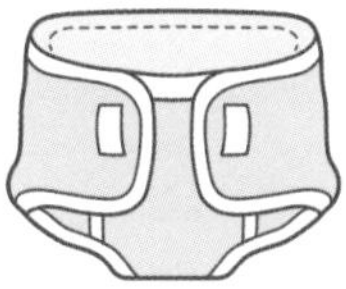	Avental エプロン 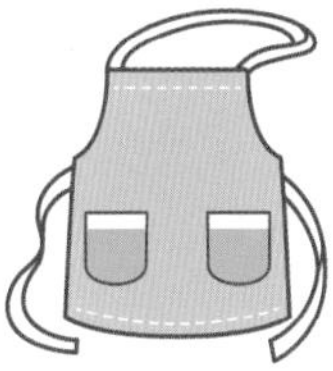	Avental (Babador para refeições) エプロン（食事用よだれかけ） 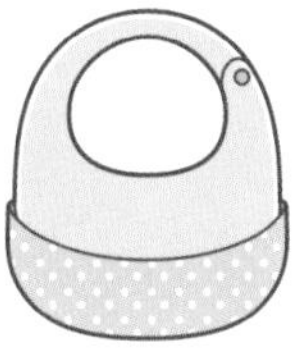	Meias くつ下 
Chapéu 帽子 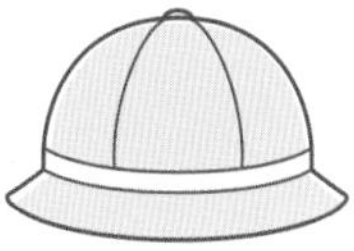	Marmita お弁当 			

第2章

保護者支援に役立つ 外国語入り シート・絵カード集

ベトナム語編

1 園生活を伝える例文集

Xin chúc mừng bạn đã nhập học.

Trường mẫu giáo là nơi chăm sóc trẻ sơ sinh thay cho cha mẹ đang đi làm hoặc không thể nuôi dạy trẻ tại nhà do ốm đau.

Nhân viên nhà trẻ cố gắng đảm bảo rằng trẻ em có một cuộc sống lành mạnh, an toàn và thú vị, trí não và thể chất của chúng sẽ phát triển trong tình trạng khỏe mạnh.Có thể có một số khác biệt trong phương pháp chăm sóc trẻ do lối sống của các bậc phụ huynh ở Nhật Bản, nhưng người trông trẻ luôn quan tâm và chăm sóc con cái của.

Chúng tôi mong quý vị thông cảm và hợp tác để con quý vị có thể nhanh chóng làm quen với cuộc sống và có thời gian vui vẻ ở trường mẫu giáo.

入園おめでとうございます。

保育園は、保護者が働いていたり、病気等のために家庭で育児ができない乳幼児を保護者に代わって保育する所です。

保育園の職員は、子どもたちが健康、安全で楽しい生活ができるように、また健やかに心身が発達するように努めています。ご両親のお国と日本の生活習慣が異なるために、育児の方法に多少の違いがあるかもしれませんが、保育者は子どもたちをかわいがり、大切に保育します。

お子さんが保育園での生活に早く慣れ、楽しくすごせるようにご理解とご協力をお願いします。

1. Thời gian chăm sóc trẻ
保育時間

Ngày trong tuần :	Buổi sáng (	) giờ (	) phút ~ Buổi chiều (	) giờ (	) phút
〈平日〉	午前	時	分 ～ 午後	時	分
Ngày thứ 7 :	Buổi sáng (	) giờ (	) phút ~ Buổi chiều (	) giờ (	) phút
〈土曜〉	午前	時	分 ～ 午後	時	分

2. Ngày nghỉ
休園日

Chủ Nhật, Ngày lễ Quốc gia, Ngày Tết ~ Tháng (　　) Ngày (　　) ~ Tháng (　　) Ngày (　　)
日曜日、国民の祝日、その他年末年始等（　　月　　日～　　月　　日）

3. Phí trông trẻ
保育料

Vui lòng thanh toán phí trông trẻ vào ngày được chỉ định hàng tháng.
保育料は毎月決められた日までに納入してください。

4. Cuộc sống sinh hoạt hàng ngày

(1) Đưa đón trẻ đến trường

a. Phụ huynh có trách nhiệm đưa đón con mình đến nhà trẻ.
b. Phụ huynh muốn thay đổi người đón vui lòng liên hệ trước với trung tâm nhà trẻ.
c. Nếu bạn vắng mặt, bạn đến muộn hoặc đón con muộn, vui lòng liên hệ trước với trung tâm nhà trẻ.
d. Trường hợp có thông báo cảnh báo về bão, mưa lớn, lũ lụt, tuyết dày, v.v. trước khi đến nhà trẻ, hãy dựa vào tình hình thực tế để đưa con mình đến trường.
Trường hợp được thông báo sau khi bạn đến nhà trẻ, vui lòng đến đón càng sớm càng tốt.

日常生活

(1) 登園・降園

a. 登降園は、保護者が責任をもってお子さんの送り迎えをしてください。
b. 送り迎えをする人を変更する場合には、前もって保育園に連絡をしてください。
c. 欠席の場合や登園・お迎えが遅くなる場合は、前もって保育園に連絡をしてください。
d. 登園前に暴風・大雨・洪水・大雪等の警報および地震の警戒宣言が発令された場合には、登園を見合わせてください。
登園後に発令された場合には、できるだけ早くお迎えに来てください。

(2) Bữa trưa

Chúng tôi có cung cấp bữa ăn trưa và đồ ăn nhẹ.
Vui lòng thanh toán tiền ăn trưa hàng tháng.

(2) 給食（昼食）

給食とおやつを提供します。
給食費は毎月納入してください。

(3) Ngoài ra

a. Trong trường hợp nơi làm việc, nghề nghiệp, hoặc địa chỉ của người giám hộ thay đổi, vui lòng thông báo cho nhà trẻ.
b. Vui lòng viết tên lên quần áo và đồ dùng của con bạn.
c. Tại trường mẫu giáo, các cuộc diễn tập sơ tán và đo chiều cao, cân nặng được tiến hành theo định kì.

(3) その他

a. 保護者の勤務先や職業、住所が変わった場合には、保育園に届け出てください。
b. お子さんの衣服・持ち物には、名前をつけてください。
c. 保育園では、定期的に避難訓練や身体計測を行います。

5. Quản lý sức khỏe

(1) Nếu con bạn bị ốm, hãy xin phép vắng mặt và cho trẻ đến nhà trẻ sau khi khỏi bệnh.
(2) Nếu con bạn bị bệnh truyền nhiễm, nó sẽ lây sang những đứa trẻ khác, vì vậy hãy để trẻ ở nhà cho đến khi bác sĩ cho phép đến nhà trẻ.
(3) Nếu con bạn cảm thấy bị ốm trong thời gian ở nhà trẻ, bạn sẽ được yêu cầu đến đón.
(4) Theo quy định chung, trung tâm nhà trẻ không giữ thuốc của con bạn. (Nếu bạn để thuốc trong nhà trẻ, phải nhận được sự cho phép của bác sĩ. Vui lòng thông báo cho nhà trẻ về cách sử dụng thuốc.)
(5) Con bạn nên được tiêm chủng phòng vác- xin theo quy định.
(6) Tại trường mẫu giáo, sẽ tiến hành kiểm tra sức khỏe định kì của trẻ em theo chỉ định của bác sĩ.

健康管理

(1) お子さんが病気の時には欠席させ、なおってから登園させてください。
(2) お子さんが感染性の病気にかかった場合は、他の子どもに感染しますので、医師の登園許可が出るまで欠席させてください。
(3) 保育中、お子さんの体のぐあいが悪くなった場合には、迎えに来ていただきます。
(4) 保育園では、原則としてお子さんの薬はお預かりしません。（保育園に薬を預ける場合には、主治医の許可を得てください。薬の使用方法については、必ず保育園に知らせてください。）
(5) お子さんは、できるだけ決められた予防接種を受けるようにしてください。
(6) 保育園では、定期的に、嘱託医による子どもの健康診断を行います。

6. Một ngày ở trường mẫu giáo
保育園の一日

Điểm danh và khám sức khoẻ
登園と健康チェック

Bữa ăn nhẹ buổi sáng
(Chỉ dành cho trẻ nhỏ)
午前のおやつ

Cho con bú
授乳

Thức ăn cho trẻ em
離乳食

Nước hoa quả
果汁

Chơi và các hoạt động
遊びや活動

Bữa trưa
昼食

Cho con bú
授乳

Thức ăn cho trẻ em
離乳食

Nước hoa quả
果汁

Ngủ trưa
おひるね

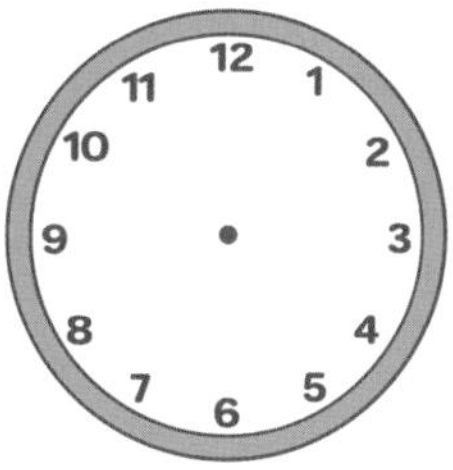

Bữa ăn nhẹ buổi chiều
午後のおやつ

Cho con bú
授乳

Thức ăn cho trẻ em
離乳食

Nước hoa quả
果汁

Hoạt động buổi chiều
午後の活動

Kiểm tra sức khoẻ và ra về
健康チェックと降園

7. Sự kiện chính của trường mẫu giáo

保育園の行事
主な行事

Ngày Thiếu nhi
Vào Ngày Thiếu nhi, ngày 5 tháng 5, chúng tôi kỷ niệm sự phát triển khỏe mạnh của trẻ em bằng cách trang trí búp bê samurai và nuôi cá chép. Các con cũng có thể ăn kashiwa mochi và vui chơi với bạn bè.

こどもの日
５月５日の子どもの日には、武者人形を飾ったり、鯉のぼりを立てたりして、子どもたちの元気な成長を祝います。また、かしわもちを食べたり、お友達と楽しく遊びます。

Du lịch dã ngoại
Được đi dã ngoại cùng các bạn trong lớp hoặc lớp khác. Các con sẽ có một ngày vui vẻ bao gồm các hoạt động tham quan mang tính xã hội và nhiều trải nghiệm với thiên nhiên.

遠足
クラスのお友達や、他のクラスのお友達と園外保育に出かけます。社会見学をしたり自然に触れたりして、楽しい１日を過ごします。

Lễ hội Tanabata
Vào ngày 7 tháng 7, đó là một lễ hội, nơi bạn viết điều ước của mình trên một dải giấy và đặt nó trên cỏ tre để thực hiện điều ước gửi tới các vì sao.

七夕まつり
７月７日に、短冊に願いごとをかき、笹につけてお星さまに願いをかけるおまつりです。

Lễ hội mùa hè
Vào mùa hè nóng nực, bố mẹ và các con có thể thỏa sức vui chơi điệu múa Obon, chơi trò chơi trong một buổi tối mát mẻ.

夏まつり
暑い夏に夕涼みをかねて、親子で盆おどりをしたりゲームをして楽しみます。

Ngày hội thể thao
Chúng tôi tổ chức các trò chơi thể chất trong 1 ngày rất vui và phụ huynh có thể tham gia cùng các con, bao gồm các trò chơi như: hùng biện, hoạt động thể thao,v.v.

運動会
日ごろから親しんでいる体育遊びや表現遊びを発表したり、いろいろなゲームや運動をして遊びます。ご家族も参加して、楽しい１日を過ごしてください。

Lễ Giáng sinh
Tiệc Giáng sinh cho trẻ nhỏ không mang tính tôn giáo. Trẻ em sẽ tham gia vào các vở kịch mà chúng đã được học và biểu diễn.

クリスマス会
保育園のクリスマスは、宗教的なものではありません。子どもたちが、今までとりくんだ劇などを発表したり、みんなで遊んだりします。

Ngày xuân phân (Lễ Setsubun)
Ngày 3 tháng 2, hãy nói "Bói ở trong, quỷ ở ngoài" và gieo hạt đậu để cầu mong hạnh phúc.

節分
２月３日に、「福は内・鬼は外」と言って豆をまき、幸福を願います。

Lễ hội búp bê (Hina Matsuri)
Vào ngày 3 tháng 3, chúng tôi sẽ trang trí búp bê Hina và vui chơi để chúc mừng sự phát triển khỏe mạnh của các em nhỏ.

ひなまつり
３月３日に、ひな人形を飾り、子どもたちの元気な成長を祝って楽しく遊びます。

Ngoài ra

Tiệc sinh nhật
Sự kiện kỷ niệm sinh nhật của các em.

Triển lãm các tác phẩm
Chúng tôi trưng bày các tác phẩm do các em tạo ra.

Giã gạo nếp (Mochitsuki)
Trước và sau Tết, các con sẽ hấp chín gạo nếp, cho vào cối giã nhuyễn và dùng chày để làm bánh mochi.

Ngoài những hoạt động trên, còn có các bữa tiệc mừng nhập học và tốt nghiệp, thăm chăm sóc trẻ em, gặp gỡ trao đổi với cộng đồng, và thuyết trình về cuộc sống.
Các sự kiện này thay đổi tùy theo khu vực và trường mẫu giáo.

その他

誕生会
子どもたちの誕生日を祝う行事です。

作品展覧会
子どもたちが作った作品を展示します。

もちつき
お正月の前後に、もち米を蒸して、臼に入れ、杵でついて餅を作ります。

以上の他、入園・卒園を祝う会、保育参観、地域との交流会、生活発表会などがあります。
これらの行事は、地域や保育園によって異なります。

2 シート・絵カード集

Bảng điều tra đưa và đón trẻ

登降園等調査票

ベトナム語

Tên trẻ em　児童氏名	Ngày sinh　生年月日 Năm ____ Tháng ____ Ngày ____ 年　月　日
Địa chỉ　住所	Số điện thoại　電話番号

	Cha　父	Mẹ　母
Căn cước　氏名		
Nơi làm việc　勤務先		
Địa chỉ nơi làm việc　勤務先住所		
Số điện thoại nơi làm việc　勤務先電話番号 (FAX)（ファックス）	Số nội bộ　内線	Số nội bộ　内線
Nghề nghiệp　職業	☐ Nhân viên chính thức 本採用 ☐ Nhân viên tạm thời 臨時	☐ Nhân viên chính thức 本採用 ☐ Nhân viên tạm thời 臨時
Giờ làm việc　勤務時間	Các ngày trong tuần　平日 :　～　: Thứ 7　土曜日 :　～　: Ngày lễ　(　) Ngày 休日　曜日	Các ngày trong tuần　平日 :　～　: Thứ 7　土曜日 :　～　: Ngày lễ　(　) Ngày 休日　曜日
Thời gian đưa đón trẻ 送迎所要時間	Từ nhà: ______ Thời gian ______ Phút 自宅から　時間　分 Từ nơi làm việc: ______ Thời gian ______ Phút 勤務先から　時間　分	Từ nhà: ______ Thời gian ______ Phút 自宅から　時間　分 Từ nơi làm việc: ______ Thời gian ______ Phút 勤務先から　時間　分
	Cha　父	Mẹ　母
Phương pháp đưa đón trẻ 送迎方法	☐ Đi bộ　☐ Xe đạp 徒歩　自転車 ☐ Ô tô　☐ Khác 自動車　その他	☐ Đi bộ　☐ Xe đạp 徒歩　自転車 ☐ Ô tô　☐ Khác 自動車　その他

Thông tin liên hệ khác (Ngoài phụ huynh)　両親以外の連絡先 Tên　氏名 Số điện thoại　電話番号 (Fax)（ファックス）	Số nội bộ　内線	Mối quan hệ　関係 ☐ Người nhà　☐ Họ hàng 家族　親族 ☐ Người cùng cơ quan　☐ Người quen 勤務先の人　知人
Người đưa đón ngoài phụ huynh　両親以外の送迎者 Người đưa　送る人 Số điện thoại　電話番号 (Fax)（ファックス）	Tên　氏名 Số nội bộ　内線	Mối quan hệ　関係 ☐ Người nhà　☐ Họ hàng 家族　親族 ☐ Người cùng cơ quan　☐ Người quen 勤務先の人　知人
Người đón　迎える人 Số điện thoại　電話番号 (Fax)（ファックス）	Tên　氏名 Số nội bộ　内線	Mối quan hệ　関係 ☐ Người nhà　☐ Họ hàng 家族　親族 ☐ Người cùng cơ quan　☐ Người quen 勤務先の人　知人

Vui lòng điền vào biểu mẫu này với các thông tin cần thiết hoặc viết dấu kiểm vào ô thích hợp.
記入または☐のなかに✓印をつけてください。

Bảng điều tra về trẻ em và gia đình

児童家庭調査票

ベトナム語

Tên trẻ em　児童氏名	Nam ☐ 男	Nữ ☐ 女	Ngày tháng năm sinh　Năm _____ Tháng _____ Ngày _____ 生年月日　年　月　日
Địa chỉ　住所	Số điện thoại　電話 (　　)	Tên người giám hộ　保護者氏名	Mối quan hệ gia đình 続柄

Họ 家族氏名	Mối quan hệ gia đình 続柄	Ngày tháng năm sinh 生年月日	Nghề nghệp 職業	Số điện thoại nơi làm việc và trường học 勤務先・通学先電話番号	Hội thoại bằng tiếng Nhật 日本語の会話
Tên người giám hộ 保護者氏名		Năm ___ Tháng ___ Ngày ___ 年　月　日		(　　)	☐ Có thể　可 ☐ Không thể　否
		Năm ___ Tháng ___ Ngày ___ 年　月　日		(　　)	☐ Có thể　可 ☐ Không thể　否
		Năm ___ Tháng ___ Ngày ___ 年　月　日		(　　)	☐ Có thể　可 ☐ Không thể　否
		Năm ___ Tháng ___ Ngày ___ 年　月　日		(　　)	☐ Có thể　可 ☐ Không thể　否
		Năm ___ Tháng ___ Ngày ___ 年　月　日		(　　)	☐ Có thể　可 ☐ Không thể　否

Thẻ bảo hiểm y tế 健康保険証	☐ Số bảo hiểm y tế quốc gia　国民健康保険 番号（　　　　　）	☐ Số bảo hiểm xã hội　社会保険 番号（　　　　　）

Tình trạng khi mang thai (Người mẹ) 妊娠中の状態（母親）	Những bất thường lớn khi mang thai　妊娠中の主な異常 ☐ Tiền sản giật　妊娠中毒症　☐ Thiếu máu　貧血 ☐ Bệnh truyền nhiễm　感染症　☐ Các bất thường khác được bác sĩ chỉ ra （　　　　　）その他医師から指摘された異常
	Cuộc sống khi mang thai　妊娠中の生活 ☐ Có hút thuốc: Trung bình 1 ngày (　　) điếu　喫煙していた（　　）本／日 ☐ Có uống rượu　お酒をよく飲んでいた ☐ Có đi làm　働いていた
Tình trạng sinh con (Người mẹ) 出産の状態（母親）	Đất nước đã sinh con　出産した国 ☐ Nhật Bản　日本　☐ Bên ngoài Nhật Bản (　　　　)　日本以外
	Thời gian mang thai　妊娠期間 (　　) tuần (Sớm hơn / Chậm hơn dự kiến) （　　）週（予定より　　日　早い・遅い）
	Phương pháp sinh con　出産方法 ☐ Sinh tự nhiên　普通の方法　☐ Tư thế vùng chậu (Con ngược)　骨盤位（逆子） ☐ Phương pháp Mổ đẻ　帝王切開　☐ Khác (　　　　)　その他
Trạng thái khi sinh (Trẻ sơ sinh) 出生時等の状態（子ども）	Thể trạng của bé khi sinh　出生時の体格 Cân nặng (　　　) g　体重 g　Chiều cao (　　　) g　身長 cm
	Bất thường khi sinh　出生時の異常 ☐ Không　無し　☐ Sự ngộp thở　仮死　☐ Khác (　　　　)　その他
	Bất thường ở giai đoạn sơ sinh　新生児期の異常 ☐ Vàng da nặng　重症の黄疸　☐ Rối loạn hô hấp　呼吸障害　☐ Co giật　けいれん ☐ Bệnh truyền nhiễm　感染症　☐ Khác (　　　　)　その他
Tình trạng sau sinh (Trẻ sơ sinh) 生後の状態（子ども）	Trạng thái tăng trưởng cơ thể　発育状態 ☐ Thuận lợi　順調　☐ Không tốt lắm　あまりよくない

Vui lòng điền vào biểu mẫu này với các thông tin cần thiết hoặc viết dấu kiểm vào ô thích hợp.
記入または☐のなかに✓印をつけてください。

Tình trạng sau sinh (Trẻ sơ sinh) 生後の状態（子ども）	Trạng thái phát triển　発達状態 □ Sự cứng cáp của cổ (　　　tháng tuổi)　首すわり　か月 □ Tự bước (　　　tháng tuổi)　独り歩き　か月 □ Biết nói (　　　tháng tuổi)　始語　か月 □ Những điều đáng lo ngại ______________________________　心配なこと
	Thói quen sinh hoạt ăn uống và thời kỳ cho con bú, bằng phương pháp vú nhân tạo 入園までの食生活及び栄養法—乳児期 □ Dinh dưỡng qua đường bú sữa mẹ　母乳栄養　□ Dinh dưỡng hỗn hợp　混合栄養　□ Dinh dưỡng qua đường núm vú nhân tạo　人工栄養 Cai sữa　離乳 Từ tháng (　　　)　開始　か月　Kết thúc (　　　)　終了　か月 Tình trạng theo dõi　進行状況　□ Tốt　良い　□ Bình thường　まあまあ　□ Khó khăn　困難
	Thói quen sinh hoạt ăn uống và thời kỳ cho ăn dặm 入園までの食生活及び栄養法—幼児期 Sự thèm ăn　食欲 □ Tốt　良い　□ Tồi　悪い Thích và không thích　好き嫌い □ Có　あり　□ Không　無し
	Những thứ không được ăn（□ Vì lý do tôn giáo　宗教上　□ Vì lý do dị ứng　アレルギー） 食べさせていないもの □ Thịt bò　牛肉　□ Thịt lợn　豚肉　□ Gà　鶏肉 □ Cá　魚　□ Trứng　鶏卵　□ Sữa　牛乳 □ Khác (　　　　　　　　　　　　)　その他
	Thời kỳ bị các bệnh đã xảy ra cho đến nay　これまでにかかった主な病気とその時期 □ Bệnh Sởi　(　　　) Tuổi (　　　) Tháng　麻疹（はしか）　歳　か月 □ Bệnh Thuỷ đậu　(　　　) Tuổi (　　　) Tháng　水痘（水ぼうそう）　歳　か月 □ Bệnh Quai bị　(　　　) Tuổi (　　　) Tháng　流行性耳下腺炎（おたふくかぜ）　歳　か月 □ Bệnh Rubella　(　　　) Tuổi (　　　) Tháng　風疹　歳　か月 □ Bệnh tay chân miệng　(　　　) Tuổi (　　　) Tháng　手足口病　歳　か月 □ Bệnh Ban đỏ truyền nhiễm　(　　　) Tuổi (　　　) Tháng　伝染性紅斑　歳　か月 □ Khác (　　　　　)　(　　　) Tuổi (　　　) Tháng　その他　歳　か月
	Tai nạn thương tích cần được chăm sóc y tế cho đến nay　これまでの医療を要した事故傷害 □ Gãy xương　骨折　□ Bỏng　やけど　□ Xước da　切り傷 □ Mắc nghẹn　誤飲　□ Khác (　　　　　　　)　その他
	Thể chất trẻ em　体質等 □ Dễ bị phát ban　湿疹ができやすい　□ Suyễn　ぜん息 □ Dị ứng với thuốc　薬その他のアレルギー疾患 □ Sốt rét (Khi nóng / khi lạnh)　ひきつけ（熱あり・熱なし） □ Thân nhiệt trung bình (　　　) độ　平熱（　　度）
	Mũi tiêm chủng đã hoàn thành cho đến nay (Thời gian tiêm chủng gần nhất) これまでに済ました予防接種とその時期（最後に受けた時期） □ BCG　(　　　) Tuổi (　　　) Tháng　BCG　歳　か月 □ Bạch hầu　(　　　) Tuổi (　　　) Tháng　ジフテリア　歳　か月 □ Ho gà　(　　　) Tuổi (　　　) Tháng　百日咳　歳　か月 □ Uốn ván　(　　　) Tuổi (　　　) Tháng　破傷風　歳　か月 □ Bại Liệt　(　　　) Tuổi (　　　) Tháng　ポリオ　歳　か月 □ Rubella　(　　　) Tuổi (　　　) Tháng　風疹　歳　か月 □ Sởi　(　　　) Tuổi (　　　) Tháng　麻疹（はしか）　歳　か月 □ Quai bị　(　　　) Tuổi (　　　) Tháng　流行性耳下腺炎（おたふくかぜ）　歳　か月 □ Viêm não Nhật Bản　(　　　) Tuổi (　　　) Tháng　日本脳炎　歳　か月 □ Cúm　(　　　) Tuổi (　　　) Tháng　インフルエンザ　歳　か月 □ Viêm phổi　(　　　) Tuổi (　　　) Tháng　小児肺炎球菌　歳　か月 □ Hibs　(　　　) Tuổi (　　　) Tháng　ヒブ感染症　歳　か月 □ Viêm gan B　(　　　) Tuổi (　　　) Tháng　B 型肝炎　歳　か月 □ Khác (　　　　　)　(　　　) Tuổi (　　　) Tháng　その他　歳　か月
Cơ quan chăm sóc, điều trị trẻ em 子どもがかかりつけの医療機関	Tên bênh viện / phòng khám　病院名・医院名
	Địa chỉ　所在地
	Số điện thoại　電話番号　(　　　) (FAX)（ファックス）　(　　　)

ベトナム語

Thẻ liên lạc bao gồm thời gian đón, v.v

送迎時間等連絡カード

Tên trẻ em　児童氏名 ______________________

☐ Thay đổi thời gian đi đến trường　登園する時間がかわります。

Tháng (　) Ngày (　) ; (　) Giờ (　) Phút
月　日　時　分

☐ Thay đổi thời gian đón　迎えの時間がかわります。

Tháng (　) Ngày (　) ; (　) Giờ (　) Phút
月　日　時　分

☐ Thay đổi người đưa trẻ　送って来る人がかわります。

☐ Thay đổi người đón trẻ　迎えに来る人がかわります。

Thời gian: Tháng (　　) Ngày (　　)
いつ　月　日

Tên　氏名

☐ Người nhà　家族　　☐ Họ hàng　親族

☐ Người cùng cơ quan　勤務先の人　　☐ Người quen　知人

☐ Thay đổi nơi làm việc　勤務先がかわります。

☐ Cha　父　　☐ Mẹ　母

Kể từ :　Tháng (　　) Ngày (　　)
いつから　月　日

Nơi làm việc mới　新しい勤務先

Địa điểm nơi làm việc　勤務先住所

Số điện thoại Cơ quan　勤務先電話番号　　Số nội bộ　内線
(FAX)　ファックス

Vui lòng điền vào biểu mẫu này với các thông tin cần thiết hoặc viết dấu kiểm vào ô thích hợp.
記入または☐のなかに✓印をつけてください。

ベトナム語

Thẻ liên lạc vắng mặt

欠席連絡カード

Tên trẻ em　児童氏名 ______________________

☐ Vắng mặt vì lý do sau:　次の理由で欠席します。

☐ Đã vắng mặt vì lý do sau:　次の理由で欠席しました。

☐ Bị sốt　熱が出た　　☐ Bị cảm lạnh　かぜをひいた

☐ Bị tiêu chảy　下痢をした　　☐ Bị đau bụng　お腹が痛い

☐ Bị nôn mửa　嘔吐した　　☐ Bị sốt rét　ひきつけた

☐ Bị phát ban　発疹が出た　　☐ Bị đau răng　歯が痛い

☐ Bị đau tai　耳が痛い　　☐ Bị đau mắt　目が赤い

☐ Bị thương　けがをした　　☐ Chuyến đi du lịch với gia đình　家族旅行

☐ Có việc bận　用事ができた　　☐ Nghỉ làm việc　仕事が休み

Ngày vắng mặt:　Tháng ________ Ngày ________
欠席月日　月　日

Vui lòng điền vào biểu mẫu này với các thông tin cần thiết hoặc viết dấu kiểm vào ô thích hợp.
記入または☐のなかに✓印をつけてください。

ベトナム語

Thẻ liên lạc tình trạng sức khỏe (tình trạng thể chất)

健康状態連絡カード（身体の状態）

Tên trẻ em　児童氏名 ______________________

Chúng tôi sẽ thông báo cho bạn về tình trạng của trẻ tại trường.
保育園での様子をお知らせします。

Năm (　　) Tháng (　　) Ngày (　　) ; (　　) Giờ
年　　月　　日　　時

Nhiệt độ cơ thể là (　) Độ　体温は（　）度でした。

- ☐ Không có cảm giác thèm ăn　食欲はあまりありませんでした。
- ☐ Tâm trạng không tốt　機嫌が悪く、ぐずってばかりいました。
- ☐ Không ngủ ngon　よく眠りませんでした。
- ☐ Bị ho　咳をしていました。
- ☐ Thở khò khè　喘鳴（ぜーぜー・ひゅうひゅう）がありました。
- ☐ Bị sổ mũi　鼻汁が出ていました。
- ☐ Bị hắt hơi　くしゃみが出ていました。
- ☐ Nôn mửa　嘔吐しました。
- ☐ Bị tiêu chảy　下痢しました。
- ☐ Bị đau bụng　お腹が痛いようでした。
- ☐ Bị đau răng　歯が痛いようでした。
- ☐ Bị đau tai　耳が痛いようでした。
- ☐ Bị tai biến　耳だれが出ていました。
- ☐ Bị đau mắt　目が充血していました。
- ☐ Bị thấp khớp　目やにが出ていました。
- ☐ Bị phát ban　発疹が出ていました。
- ☐ Bị côn trùng cắn　虫にさされました。
- ☐ Bị mọc mụn　化膿していました。
- ☐ Bị sốt rét　ひきつけました。

ベトナム語

Thẻ tình trạng sức khoẻ (Chấn thương)

健康状態連絡カード（けが）

Tên trẻ em　児童氏名 ______________________

Tôi sẽ thông báo với bạn về việc bị thương trong trường
保育園でけがをしたのでお知らせします。

Năm (　　) Tháng (　　) Ngày (　　) ; (　　) Giờ
年　　月　　日　　時

Vết thương　傷害

- ☐ Vết cắt　切傷
- ☐ Bầm tím　打撲傷
- ☐ Bong gân　ねんざ
- ☐ Bỏng　熱傷（やけど）
- ☐ Vết xước　擦過傷（すり傷）
- ☐ Vết toạc　裂傷
- ☐ Trật khớp　脱臼
- ☐ Vật thể lạ chèn　異物挿入
- ☐ Đâm　刺傷
- ☐ Gãy xương　骨折
- ☐ Cắn　咬傷（かみ傷）

Điều trị　処置

(Tại nhà trẻ)　（保育園で）

- ☐ Đã khử trùng　消毒した
- ☐ Đã thực hiện sơ cứu　簡単な手当をした
- ☐ Đã chườm lạnh　冷やした
- ☐ Đã ru ngủ　寝かせておいた

(Đến cơ sở y tế kiểm tra sức khoẻ)　（医療機関受診）

- ☐ Không cần điều trị　手当を必要としなかった
- ☐ Đã khử trùng　消毒した
- ☐ Đã chụp X Quang　レントゲン検査をした
- ☐ Đã cố định nẹp,v.v　ギプスなどで固定した
- ☐ Đã lấy dị vật từ vết thương　異物を除去した
- ☐ Đã bó bột　縫合した
- ☐ Đã đắp thuốc　湿布した
- ☐ Đã tiêm thuốc　投薬した

Các điều cần chú ý　これからの注意事項

- ☐ Nên đến trường để nhập học　登園してよい。
- ☐ Nếu bạn gặp bất kỳ triệu chứng bất thường nào, hãy đi khám tại các cơ sở y tế.
  変わった症状が出現した時は、医療機関で受診してください。
- ☐ Vui lòng đến cơ sở y tế khám bệnh vào ngày mai
  明日、医療機関で受診してください。
- ☐ Hãy sử dụng thuốc theo sự chỉ dẫn của bác sĩ
  医師の指示を守って薬を使用してください。
- ☐ Hãy báo cho trường nếu vắng mặt
  保育園を欠席させてください。

Các đồ dùng thiết yếu được mang đến trường
持ち物絵カード集

ベトナム語

Túi học sinh 通園カバン 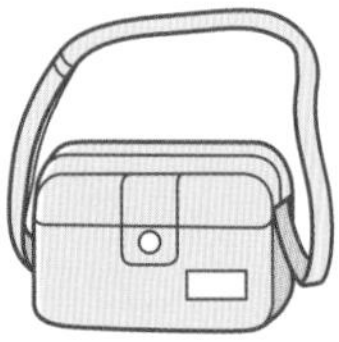	Váy trẻ em スモック 	Áo sơ mi シャツ 	Áo phông Tシャツ 	Quần lót パンツ 
Quần dài ズボン 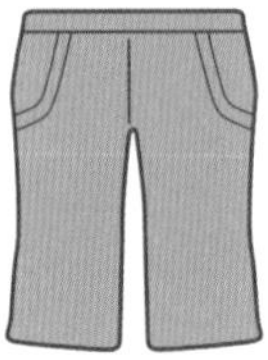	Quần Short 半ズボン 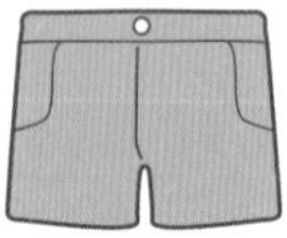	Áo vest ベスト 	Áo khoác ジャンパー 	Khăn tay ハンカチ 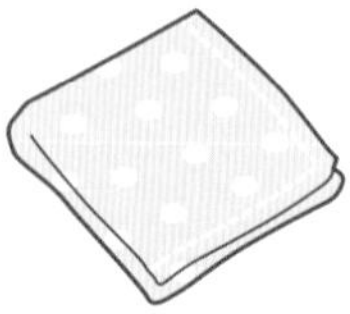
Khăn giấy ポケットティッシュ 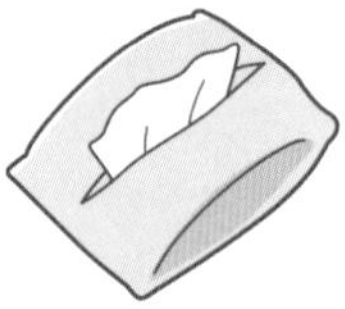	Khăn giấy ティッシュペーパー （ボックスティッシュ） 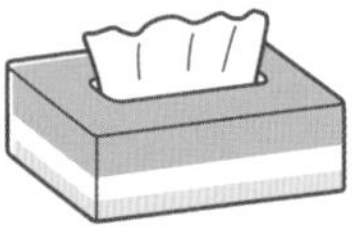	Khăn ăn ナフキン 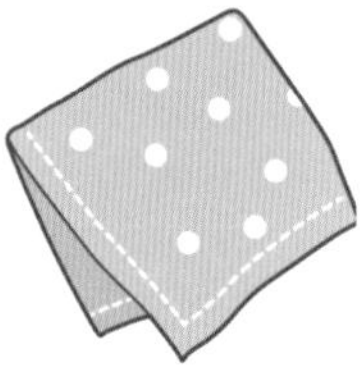	Đũa 箸 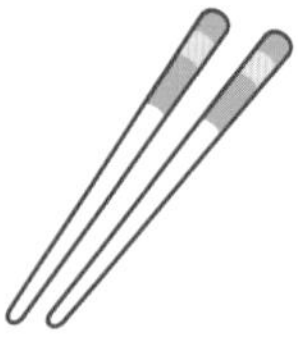	Hộp đựng đũa 箸入れ 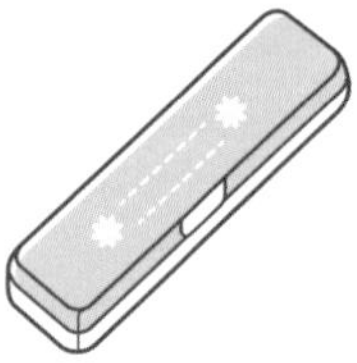
Bàn chải đánh răng 歯ブラシ 	Cái cốc コップ 	Giày (Đi bên ngoài) 靴 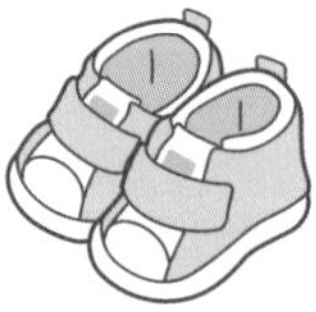	Dép đi trong nhà 上靴 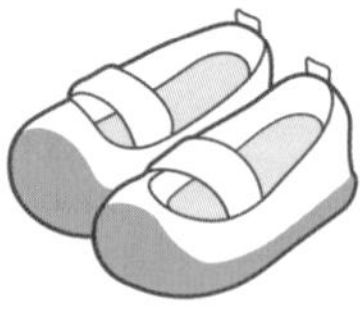	Hộp đựng giày 靴入れ 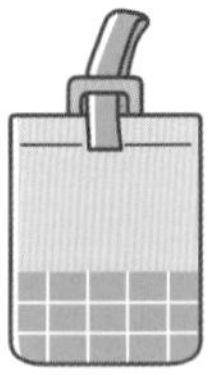
Túi vải 布袋 	Túi Pyjama パジャマ袋 	Đồ ngủ パジャマ 	Đồ bơi 水着 	Mũ bơi 水泳帽 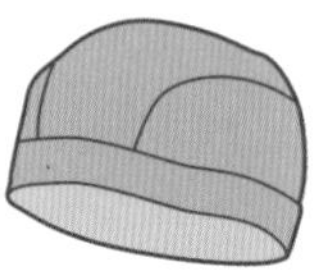

ベトナム語

Túi nhựa ビニール袋 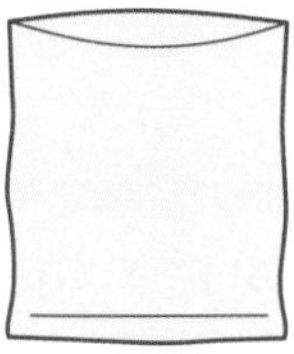	Khăn mặt フェイスタオル 	Khăn tay ハンドタオル 	Khăn tắm バスタオル 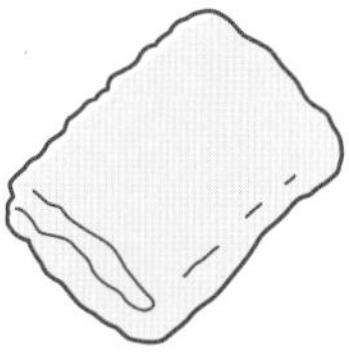	Khăn lau 雑巾 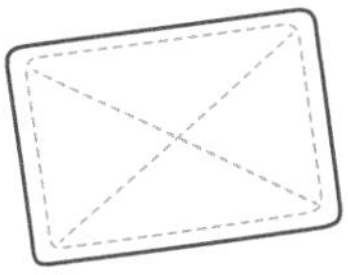
Túi xách nhựa 手さげビニール袋 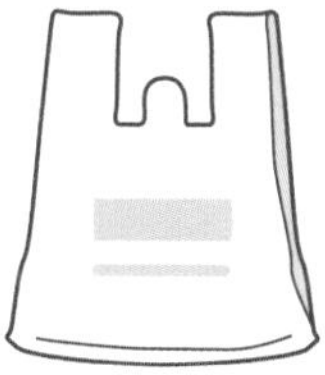	Cái ô 傘 	Áo mưa レインコート（カッパ） 	Ủng 長靴 	Chai nước hoặc trà lúa mạch 水筒（水またはお茶） 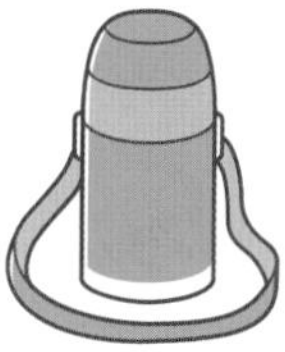
Ba lô リュックサック 	Đệm 掛布団 	Chăn 敷布団 	Ga trải đệm シーツ 	Chăn cho trẻ em ベビー毛布 
Tã lót おむつ 	Nắp tã おむつカバー 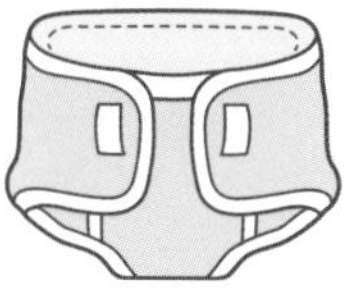	Tạp dề エプロン 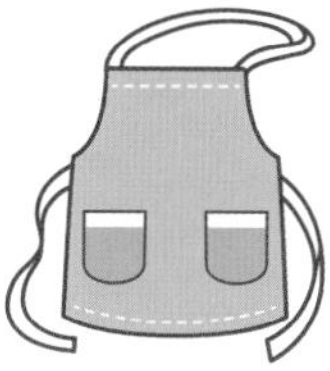	Tạp dề (Yếm trong bữa ăn) エプロン （食事用よだれかけ） 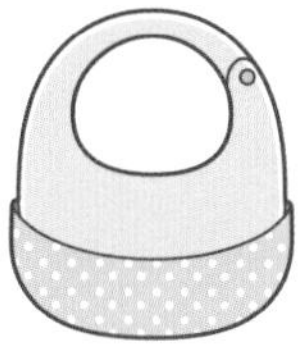	Cái tất くつ下 
Cái mũ 帽子 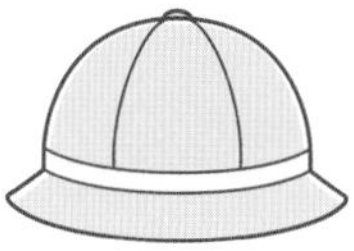	Cơm hộp お弁当 			

第2章

保護者支援に役立つ 外国語入り シート・絵カード集

タガログ語編

1 園生活を伝える例文集

Masayang Pagbati, sa pagkatanggap ng inyong anak dito sa nursery school!

Ang mga nursery school ay mga pasilidad na nagbibigay ng day care o pangangalaga para sa mga bata alang alang sa mga magulang o tagapag-alaga na hindi makapagbigay ng sapat na pangangalaga dahil sila ay may trabaho o may sakit.

Ang mga tauhan at mga guro sa nursery school ay nagsisikap na matiyak na ang mga bata ay namumuhay na malusog, ligtas, masaya, at sila ay lumago na may mabuting kalusugan sa pag-iisip at katawan. Ang mga paraan ng pagpapalaki ng bata ay maaaring bahagyang naiiba sa iyong sariling bansa dahil sa mga pagkakaiba sa kultura, gayunpaman, ang mga tauhan at guro ng paaralan ay tinatrato ang lahat ng mga bata nang may kabaitan at mahusay na pangangalaga.

Inaasahan namin ang iyong pag-unawa at pakikipagtulungan at umaasa kaming mabilis na makaka-adjust ang iyong anak sa bagong buhay sa nursery school.

入園おめでとうございます。

保育園は、保護者が働いていたり、病気等のために家庭で育児ができない乳幼児を保護者に代わって保育する所です。

保育園の職員は、子どもたちが健康、安全で楽しい生活ができるように、また健やかに心身が発達するように努めています。ご両親のお国と日本の生活習慣が異なるために、育児の方法に多少の違いがあるかもしれませんが、保育者は子どもたちをかわいがり、大切に保育します。

お子さんが保育園での生活に早く慣れ、楽しくすごせるようにご理解とご協力をお願いします。

1. Mga Oras Sa Nursery School
保育時間

Mula Lunes Hanggang Biyernes: Simula ______:______ a.m. hanggang ______:______ p.m.
〈平日〉 午前 時 分～ 午後 時 分

Tuwing Sabado: Simula ______:______ a.m. hanggang ______:______ p.m.
〈土曜〉 午前 時 分～ 午後 時 分

2. Sarado
休園日

Tuwing Linggo, pista opisyal, New Year holiday, atbp. (Buwan ____ Petsa ____ Hanggang Buwan ____ Petsa ____)
日曜日、国民の祝日、その他年末年始等 （ 月 日～ 月 日）

3. Mga Babayaran sa Nursery School
保育料

Ang mga bayarin sa nursery school ay dapat bayaran bawat buwan sa itinakdang araw.
保育料は毎月決められた日までに納入してください。

4. Araw Araw Na Mga Gawain sa Nursery School

日常生活

(1) Pagdating at Pag-uwi

a. Responsibilidad ng mga magulang (tagapag-alaga) na ihatid ang kanilang mga anak sa nursery school at sunduin sila.

b. Mangyaring ipagbigay-alam sa amin nang maaga sa tuwing meron kukuha o susundong ibang tao maliban sa magulang ng iyong anak.

c. Mangyaring ipagbigay-alam sa amin nang maaga kung ma late o aabsent ang iyong anak, o di kaya'y mahuhuli sa oras ng pagsundo.

d. Kung may opisyal na alerto dala ng bagyo/baha/snow/lindol o iba pang alerto na naihayag bago dalhin ang iyong anak sa paaralan, mangyari lamang manatili sa bahay kasama ang iyong anak.
Kapag ang isang opisyal na alerto ay inihayag pagkatapos mong dalhin ang iyong anak sa paaralan, mangyari lamang na sunduin ang iyong anak sa lalong madaling panahon.

（1）登園・降園

a. 登降園は、保護者が責任をもってお子さんの送り迎えをしてください。

b. 送り迎えをする人を変更する場合には、前もって保育園に連絡をしてください。

c. 欠席の場合や登園・お迎えが遅くなる場合は、前もって保育園に連絡をしてください。

d. 登園前に暴風・大雨・洪水・大雪等の警報および地震の警戒宣言が発令された場合には、登園を見合わせてください。
登園後に発令された場合には、できるだけ早くお迎えに来てください。

(2) Pananghalian sa Nursery School

Ang mga batang wala pang tatlong taong gulang ay bibigyan ng main dish, side dish at meryenda.
Bibigyan ng side dish at meryenda ang mga batang tatlong taong gulang pataas. Ang main dish ay dapat dalhin mula sa bahay. (Para sa main dish sa tanghalian sa paaralan, may buwanang bayad na ¥__________).

（2）給食（昼食）

3歳未満児には主食・副食とおやつを提供します。
3歳以上児には副食とおやつを提供します。主食はご家庭から持ってきてください。（主食代として毎月　　　円を納入してください。）

(3) Iba Pang Mga Usapin

a. Ipagbigay-alam sa paaralan nang nakasulat ang anumang pagbabago ng tirahan, address ng trabaho, o pagpalit ng trabaho ng magulang/tagapag-alaga.

b. Pakisulat ng pangalan ng iyong anak sa lahat ng damit at gamit.

c. Ang mga regular na evacuation drill at health measurements (pagsukat ng taas at timbang) ay isinasagawa sa paaralan.

（3）その他

a. 保護者の勤務先や職業、住所が変わった場合には、保育園に届け出てください。

b. お子さんの衣服・持ち物には、名前をつけてください。

c. 保育園では、定期的に避難訓練や身体計測を行います。

5. Pamamahala sa Kalusugan

健康管理

(1) Kung ang iyong anak ay may sakit, mangyari lamang panatilihin siya sa bahay hanggang sa siya ay gumaling.

(2) Para sa kaligtasan ng ibang mga bata, kapag ang iyong anak ay may nakakahawang sakit, mangyari lamang panatilihin siya sa bahay hanggang sa bigyan ng pahintulot ng doktor na bumalik sa paaralan.

(3) Kung magkasakit ang iyong anak sa araw na nasa paaralan sya, dapat mong sunduin kaagad ang iyong anak.

(4) Ang mga nursery school ay karaniwang walang pananagutan sa pagbibigay ng gamot sa mga bata. (Kung talagang kinakailangan na ang nursery school ay mangasiwa ng pagbigay ng gamot para sa iyong anak, dapat ay mayroon kang nakasulat na paliwanag mula sa iyong family doktor. Tiyaking sasabihin mo sa nursery school ang wastong paraan/dosage ng pagbibigay ng gamot.)

(5) Dapat mabakunahan ang iyong anak laban sa maraming sakit na itinalaga ng mga awtoridad hangga't maaari.

(6) Ang school doctor ay nagsasagawa ng regular health checkup sa paaralan.

（1）お子さんが病気の時には欠席させ、なおってから登園させてください。

（2）お子さんが感染性の病気にかかった場合は、他の子どもに感染しますので、医師の登園許可が出るまで欠席させてください。

（3）保育中、お子さんの体のぐあいが悪くなった場合には、迎えに来ていただきます。

（4）保育園では、原則としてお子さんの薬はお預かりしません。（保育園に薬を預ける場合には、主治医の許可を得てください。薬の使用方法については、必ず保育園に知らせてください。）

（5）お子さんは、できるだけ決められた予防接種を受けるようにしてください。

（6）保育園では、定期的に、嘱託医による子どもの健康診断を行います。

6. Isang Araw sa Nursery School
保育園の一日

Pagdating at Pagsagawa
ng Health Check
登園と健康チェック

Meryenda sa Umaga
午前のおやつ

Gatas
授乳

Baby food /
Pagkain ng sanggol
離乳食

Juice
果汁

Mga Laro at Activities
遊びや活動

Lunch Time/
Oras ng Tanghalian
昼食

Gatas
授乳

Baby food /
Pagkain ng sanggol
離乳食

Juice
果汁

Oras ng Pagtulog
おひるね

Meryenda sa Hapon
午後のおやつ

Gatas
授乳

Baby food /
Pagkain ng sanggol
離乳食

Juice
果汁

Mga Gawain sa Hapon
午後の活動

Health Check at Pag-alis
sa Nursery School
健康チェックと降園

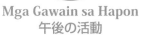

7. Mga Events sa Nursery School
Main Events

保育園の行事
主な行事

Children's Day/Araw ng Mga Bata

Sa Araw ng mga Bata, Mayo 5, ang malusog na paglaki ng mga bata ay ipinagdiriwang sa pamamagitan ng mga tradisyonal na dekorasyon gaya ng "musha-ningyo" (mga manika na nakasuot mandirigma) at "koi-nobori" (streamer ng isdang 'koi'). Masaya rin ang mga bata sa pagkain ng "kashiwamochi" (mga rice cake na nakabalot sa dahon ng oak at nakikipaglaro sa kanilang mga kaibigan.

こどもの日

５月５日の子どもの日には、武者人形を飾ったり、鯉のぼりを立てたりして、子どもたちの元気な成長を祝います。また、かしわもちを食べたり、お友達と楽しく遊びます。

Mga Field Trip

Ang mga bata ay umaalis sa paaralan bilang isang klase o kasama ng iba pang mga klase sa mga field trip para gumugol ng isang masayang araw sa pag-aaral tungkol sa lipunan at/o kalikasan.

遠足

クラスのお友達や、他のクラスのお友達と園外保育に出かけます。社会見学をしたり自然に触れたりして、楽しい１日を過ごします。

Tanabata Festival (Star Festival)

Ang Tanabata Festival, Hulyo 7, ay ipinagdiriwang sa pamamagitan ng pagsusulat ng isang kahilingan sa isang piraso ng papel, at pagtali nito sa isang sanga ng kawayan at paghiling sa mga bituin na matupad ito.

七夕まつり

７月７日に、短冊に願いごとをかき、笹につけてお星さまに願いをかけるおまつりです。

Summer Festival

Upang maibsan ang init ng tag-araw, ang mga magulang at mga bata ay sama-samang nagsasayaw ng "bon-odori" (mga katutubong sayaw) at naglalaro ng mga games.

夏まつり

暑い夏に夕涼みをかねて、親子で盆おどりをしたりゲームをして楽しみます。

Araw ng Sports/Araw ng Palakasan

Ang mga bata ay masayang gumagawa ng mga nakakatuwang ehersisyo, mga expression games at palakasan. Inaanyayahan din ang mga miyembro ng pamilya na lumahok sa isang masayang araw ng sports activities.

運動会

日ごろから親しんでいる体育遊びや表現遊びを発表したり、いろいろなゲームや運動をして遊びます。ご家族も参加して、楽しい１日を過ごしてください。

Christmas Party

Ang Christmas program sa paaralan ay hindi relihiyoso na selebrasyon, sa halip, ang mga bata ay gumaganap sa mga skit na kanilang pinaghandaan lalo na sa araw na ito at sama-samang nagsasaya sa paggawa ng iba't ibang activities.

クリスマス会

保育園のクリスマスは、宗教的なものではありません。子どもたちが、今までとりくんだ劇などを発表したり、みんなで遊んだりします。

Pagdating ng Tagsibol (Setsubun)

Sa ika-3 ng Pebrero, ang mga bata ay naghahagis ng mga beans habang sinisigaw ang "Fuku wa uchi, oni wa soto" (Swerte sa loob, sa labas mga demonyo) upang humiling ng magandang kapalaran.

節分

２月３日に、「福は内・鬼は外」と言って豆をまき、幸福を願います。

Pagdiriwang ng Araw ng Mga Manika (Hina Matsuri)

Sa ika-3 ng Marso, ang malusog na paglago ng mga bata ay ipinagdiriwang sa pamamagitan ng tradisyonal na dekorasyon na "hina-ningyo" (emperor at empress dolls). Masaya rin ang mga bata sa paglaro ng mga games.

ひなまつり

３月３日に、ひな人形を飾り、子どもたちの元気な成長を祝って楽しく遊びます。

Iba Pang Mga Kaganapan

その他

Birthday Party

Ipinagdiriwang ang kaarawan ng mga bata.

誕生会

子どもたちの誕生日を祝う行事です。

Arts and Crafts Exhibit

Ang nilikha ng mga bata ay ipinapakita.

作品展覧会

子どもたちが作った作品を展示します。

Pagbayo ng Kaning Malagkit (Mochitsuki)

Sa mga huling araw ng taon o simula ng Bagong Taon, ang kaning malagkit ay iniisteam, inilalagay sa isang lusong at binabayo upang gumawa ng kakanin.

もちつき

お正月の前後に、もち米を蒸して、臼に入れ、杵でついて餅を作ります。

Bilang karagdagan sa mga nabanggit na programa, mayroon ding mga Entrance at Graduation ceremony, open house, pagtitipon ng lokal na komunidad at mga lektyur na nagbibigay-kaalaman. Iba-iba ang mga aktibidad ayon sa bawat lugar at indibidwal na paaralan.

　以上の他、入園・卒園を祝う会、保育参観、地域との交流会、生活発表会などがあります。
　これらの行事は、地域や保育園によって異なります。

2 シート・絵カード集

Pagdating at Pa-alis sa Nursery School

登降園等調査票

タガログ語

Pangalan ng Bata　児童氏名	Araw ng Kapanganakan　生年月日 Taon ___ Buwan ___ Araw ___ 年　月　日
Tirahan　住所	Numero ng Telepono　電話番号

	Tatay/Tagapag-alaga　父	Nanay/Tagapag-alaga　母
Pangalan　氏名		
Employer　勤務先		
Address ng Trabaho　勤務先住所		
Numero ng Telepono sa Trabaho　勤務先電話番号 (FAX)（ファックス）	Extension　内線	Extension　内線
Trabaho　職業	□ Full Time na Trabaho 本採用 □ Temporary na Trabaho 臨時	□ Full Time na Trabaho 本採用 □ Temporary na Trabaho 臨時
Oras ng Trabaho　勤務時間	Lunes Hanggang Biyernes Mula　:　Hanggang　: 平日 Sabado Mula　:　Hanggang　: 土曜日 Araw na Walang Pasok (　) araw/linggo 休日　曜日	Lunes Hanggang Biyernes Mula　:　Hanggang　: 平日 Sabado Mula　:　Hanggang　: 土曜日 Araw na Walang Pasok (　) araw/linggo 休日　曜日
Oras ng Biyahe Papunta/Galing ng Nursery School 送迎所要時間	Mula sa Bahay: ____ oras ____ minuto 自宅から　時間　分 Mula sa Trabaho: ____ oras ____ minuto 勤務先から　時間　分	Mula sa Bahay: ____ oras ____ minuto 自宅から　時間　分 Mula sa Trabaho: ____ oras ____ minuto 勤務先から　時間　分
	Tatay/Tagapag-alaga　父	Nanay/Tagapag-alaga　母
Paraan ng Pagpunta at Pag-uwi Galing sa Nursery School 送迎方法	□ Lakad　□ Bisikleta 徒歩　自転車 □ Sasakyan/Kotse　□ Iba pa 自動車　その他	□ Lakad　□ Bisikleta 徒歩　自転車 □ Sasakyan/Kotse　□ Iba pa 自動車　その他

Emergency Contact　両親以外の連絡先 Pangalan　氏名 Numero ng Telepono　電話番号 (Fax)（ファックス）	Extension　内線	Kaugnayan sa bata　関係 □ Pamilya　□ Kamag-anak 家族　親族 □ Kasama sa Trabaho　□ Kakilala 勤務先の人　知人
Iba pang mga tao na maaaring maghatid o magsundo sa bata.　両親以外の送迎者 Maghatid　送る人 Numero ng Telepono　電話番号 (Fax)（ファックス）	Pangalan　氏名 Extension　内線	Kaugnayan sa bata　関係 □ Pamilya　□ Kamag-anak 家族　親族 □ Kasama sa Trabaho　□ Kakilala 勤務先の人　知人
Magsundo　迎える人 Numero ng Telepono　電話番号 (Fax)（ファックス）	Pangalan　氏名 Extension　内線	Kaugnayan sa bata　関係 □ Pamilya　□ Kamag-anak 家族　親族 □ Kasama sa Trabaho　□ Kakilala 勤務先の人　知人

Mangyaring kumpletuhin ang form na ito ng mga kinakailangang impormasyon o lagyan ng tsek ✔ sa naaangkop na box.
記入または□のなかに✓印をつけてください。

Family Questionnaire

児童家庭調査票

タガログ語

Pangalan Ng Bata　児童氏名	Lalaki □男	Babae □女	Araw ng Kapanganakan　Taon ___ Buwan ___ Petsa ___ 生年月日　年　月　日
Tirahan　住所	Telephone Number　電話 (　　)	Pangalan ng Magulang (Tagapag-alaga) 保護者氏名	Kaugnayan sa Bata　続柄

Pangalan ng mga Miyembro ng Pamilya 家族氏名	Kaugnayan sa Bata 続柄	Araw ng Kapanganakan 生年月日	Hanapbuhay 職業	Numero ng Telepono ng Pinagtatrabahuhan/Pinapasukan 勤務先・通学先電話番号	Kakayahang Pagsasalita ng Japanese 日本語の会話
Pangalan ng Magulang (Tagapag-alaga) 保護者氏名		Taon ___ Buwan ___ Petsa ___ 年　月　日		(　　)	□ Oo　可 □ Hindi　否
		Taon ___ Buwan ___ Petsa ___ 年　月　日		(　　)	□ Oo　可 □ Hindi　否
		Taon ___ Buwan ___ Petsa ___ 年　月　日		(　　)	□ Oo　可 □ Hindi　否
		Taon ___ Buwan ___ Petsa ___ 年　月　日		(　　)	□ Oo　可 □ Hindi　否
		Taon ___ Buwan ___ Petsa ___ 年　月　日		(　　)	□ Oo　可 □ Hindi　否

Pangalan ng Health Insurance 健康保険証	□ National Health Insurance　国民健康保険 Bilang　番号（　　　　　　　　）	□ Social Insurance　社会保険 Bilang　番号（　　　　　　　　）

Mga Abnormalidad sa Pagbubuntis (Ina) 妊娠中の状態（母親）	Mga Abnormalidad sa Pagbubuntis　妊娠中の主な異常 □ Toxemia　妊娠中毒症　□ Anemya　貧血 □ Nakakahawang Sakit　感染症　□ Iba pang mga Abnormalidad na Nasuri ng Manggagamot（　　　　　）その他医師から指摘された異常
	Pang-araw-araw na Buhay sa Panahon ng Pagbubuntis　妊娠中の生活 □ Nanigarilyo ng (　　) sigarilyo kada araw　喫煙していた（　　）本／日 □ Uminom ng alak　お酒をよく飲んでいた □ Nagtrabaho　働いていた
Kondisyon ng Panganganak (Ina) 出産の状態（母親）	Bansa Kung Saan Nanganak　出産した国 □ Japan　日本　□ Iba (　　　　　)　日本以外
	Termino ng Pagbubuntis　妊娠期間 (　　) weeks (　　) days bago/lagpas ng due date ng panganganak （　　）週（予定より　　日　早い・遅い）
	Uri ng Panganganak　出産方法 □ Normal na Panganganak　普通の方法　□ Breech/Pigi/Nauna ang Paa　骨盤位（逆子） □ Cesarean　帝王切開　□ Iba (　　　　　)　その他
Kondisyon sa Kapanganakan (Bata) 出生時等の状態（子ども）	Mga Sukat sa Kapanganakan　出生時の体格 Timbang (　　) gramo　体重 g　Taas (　　) sentimetro　身長 cm
	Mga Abnormalidad sa Panganganak　出生時の異常 □ Normal　無し　□ Asphyxia　仮死　□ Iba (　　　　　)　その他
	Mga Abnormalidad Kaagad Pagkapanganak　新生児期の異常 □ Paninilaw ng Balat　重症の黄疸　□ Kapansanan sa Paghinga　呼吸障害　□ Kombulsyon　けいれん □ Nakakahawang Sakit　感染症　□ Iba (　　　　　)　その他
Mga Kondisyon Pagkatapos ng Kapanganakan (Bata) 生後の状態（子ども）	Paglaki ng Bata　発育状態 □ Normal　順調　□ Mababa sa Pangkaraniwan　あまりよくない

Mangyaring kumpletuhin ang form na ito ng mga kinakailangang impormasyon o lagyan ng tsek ✔ sa naaangkop na box.
記入または□のなかに✔印をつけてください。

Mga Kondisyon Pagkatapos ng Kapanganakan (Bata) 生後の状態（子ども）	Paglaki ng Bata　発達状態 ☐ Napanatiling matibay ang pagkatayo ng ulo kapag hinawakang patayo, nang ika-(　　) buwan.　首すわり　か月 ☐ Nagsimulang naglakad nang ika-(　　) buwan　独り歩き　か月 ☐ Mga unang salita nang ika-(　　) buwan　始語　か月 ☐ Mga Bagay Na Inaalala ______________________________　心配なこと Pagkain at Sustansya Noong Sanggol Pa 入園までの食生活及び栄養法―乳児期 ☐ Gatas ng Ina　母乳栄養　☐ Kombinasyon (Gatas ng Ina at Pormula)　混合栄養　☐ Pormula/Powdered Milk　人工栄養 Pag-awat/Pagtapos sa Pagpapasuso　離乳 Nagsimula ang Pag-Awat sa Pagpapasuso Nang Ika-(　　) Buwan　開始　か月　Natapos ang Pag-Awat sa Pagpapasuso Nang Ika-(　　) Buwan　終了　か月 Paglago ng Sanggol:　進行状況　☐ Mabuti　良い　☐ Karaniwan　まあまあ　☐ Mahirap　困難 Pagkain at Sustansiya sa Mga Unang Taon ng Bata 入園までの食生活及び栄養法―幼児期 Gana sa Pagkain　食欲 ☐ Maganang Kumain　良い　☐ Hindi Magana　悪い Mga Gusto at Ayaw　好き嫌い ☐ Masyadong Mapili sa Pagkain　あり　☐ Hindi Mapili sa Pagkain　無し Mga Pagkaing Hindi Binibigay sa Bata（☐ Dahil sa religion o pananampalataya　宗教上　☐ Allergy　アレルギー） 食べさせていないもの ☐ Karne ng Baka　牛肉　☐ Karne ng Baboy　豚肉　☐ Manok　鶏肉 ☐ Isda　魚　☐ Itlog　鶏卵　☐ Gatas　牛乳 ☐ Iba pa (　　　　　　)　その他 Medical History - Record ng Mga Pangunahing Sakit ng Mga Bata　これまでにかかった主な病気とその時期 ☐ Measles/Tigdas　_____ taon _____ buwan　麻疹（はしか）　歳　か月 ☐ Chicken Pox/Bulutong　_____ taon _____ buwan　水痘（水ぼうそう）　歳　か月 ☐ Mumps/Beke　_____ taon _____ buwan　流行性耳下腺炎（おたふくかぜ）　歳　か月 ☐ Rubella　_____ taon _____ buwan　風疹　歳　か月 ☐ Hand-Foot-Mouth Disease　_____ taon _____ buwan　手足口病　歳　か月 ☐ Erythema Infectiosum　_____ taon _____ buwan　伝染性紅斑　歳　か月 ☐ Iba pa (　　　　)　_____ taon _____ buwan　その他　歳　か月 Mga Aksidente na Nangangailangan ng Medikal na Pangangalaga　これまでの医療を要した事故傷害 ☐ Bali ng Buto　骨折　☐ Paso/Sunog　やけど　☐ Sugat/Hiwa　切り傷 ☐ Nakainom o Nakalunok ng Mga Bagay　誤飲　☐ Iba pa (　　　　)　その他 Kalusugan ng Katawan　体質等 ☐ Madalas na Pagpapantal sa Balat　湿疹ができやすい　☐ Asthma　ぜん息 ☐ Allergy sa Mga Gamot, Iba pa (　　　　)　薬その他のアレルギー疾患 ☐ Kombulsyon/Pulikat (May lagnat/Walang Lagnat)　ひきつけ（熱あり・熱なし） ☐ Karaniwang Temperatura ng Katawan: (　　) degrees　平熱（　度） Rekord ng Pagbabakuna これまでに済ました予防接種とその時期（最後に受けた時期） ☐ BCG　_____ taon _____ buwan　BCG　歳　か月 ☐ Dipterya　_____ taon _____ buwan　ジフテリア　歳　か月 ☐ Whooping Cough　_____ taon _____ buwan　百日咳　歳　か月 ☐ Tetanus　_____ taon _____ buwan　破傷風　歳　か月 ☐ Polio　_____ taon _____ buwan　ポリオ　歳　か月 ☐ Rubella　_____ taon _____ buwan　風疹　歳　か月 ☐ Tigdas　_____ taon _____ buwan　麻疹（はしか）　歳　か月 ☐ Mumps/Beke　_____ taon _____ buwan　流行性耳下腺炎（おたふくかぜ）　歳　か月 ☐ Japanese Encephalitis　_____ taon _____ buwan　日本脳炎　歳　か月 ☐ Influenza/Trangkaso　_____ taon _____ buwan　インフルエンザ　歳　か月 ☐ Pediatric Pneumococcus　_____ taon _____ buwan　小児肺炎球菌　歳　か月 ☐ Haemophilus Influenzae Type b　_____ taon _____ buwan　ヒブ感染症　歳　か月 ☐ Hepatitis B　_____ taon _____ buwan　B型肝炎　歳　か月 ☐ Iba pa　(　　　　)　_____ taon _____ buwan　その他　歳　か月
Pangunahing Pasilidad na Pang Medikal ng Bata 子どもがかかりつけの医療機関	Pangalan ng Ospital/Clinic　病院名・医院名
	Tirahan　所在地
	Numero ng Telepono　電話番号　(　　) (FAX)（ファックス）　(　　)

タガログ語

Notification Card Tungkol sa Mga Oras ng Paghatid at Pagsundo ng Bata Papunta/Mula sa Nursery School
送迎時間等連絡カード

Pangalan ng Bata　児童氏名 ______________

□ Magbababago ang oras ng pagdating sa Nursery School:　登園する時間がかわります。

Buwan ___ Petsa ___ Oras ___ Minuto ___
月　日　時　分

□ Magbababago ang oras ng pagsundo sa paaralan:　迎えの時間がかわります。

Buwan ___ Petsa ___ Oras ___ Minuto ___
月　日　時　分

□ Ibang tao ang maghahatid sa aking anak sa paaralan.　送って来る人がかわります。

□ Ibang tao ang susundo sa aking anak mula sa paaralan.　迎えに来る人がかわります。

Kailan:　Buwan ___ Petsa ___
いつ　月　日

Pangalan　氏名

□ Miembro ng Pamilya　家族　　□ Kamag-anak　親族

□ Kasama sa trabaho　勤務先の人　　□ Kakilala　知人

□ Magpapalit ng Trabaho　勤務先がかわります。

□ Tatay/Tagapag-alaga　父　　□ Nanay/Tagapag-alaga　母

Kailan:　Buwan ___ Petsa ___
いつから　月　日

Please complete this form with the necessary information or write a check mark ✔ in the appropriate box.　新しい勤務先

Address ng Bagong Pinagtrabahuhan　勤務先住所

Numero ng Telepono　勤務先電話番号　　Extension　内線
(FAX)　ファックス

Mangyaring kumpletuhin ang form na ito ng mga kinakailangang impormasyon o lagyan ng tsek ✔ sa naaangkop na box.
記入または□のなかに✔印をつけてください。

タガログ語

Notice ng Di Pagpasok/Pag Aabsent
欠席連絡カード

Pangalan ng Bata　児童氏名 ______________

□ Ang aking anak ay di papasok sa nursery school dahil sa sumusunod na dahilan.
次の理由で欠席します。

□ Ang aking anak ay di pumasok sa nursery school dahil sa sumusunod na dahilan.
次の理由で欠席しました。

□ Lagnat　熱が出た	□ Ubo at sipon　かぜをひいた
□ Pagtatae　下痢をした	□ Sakit ng Tiyan　お腹が痛い
□ Pagsusuka　嘔吐した	□ Kombulsyon　ひきつけた
□ Pagpapantal sa balat　発疹が出た	□ Sakit ng Ngipin　歯が痛い
□ Sakit sa tenga　耳が痛い	□ Pamumula ng mata　目が赤い
□ Sugat o pinsala　けがをした	□ May lakad ang buong pamilya　家族旅行
□ Pansariling Kadahilanan　用事ができた	□ Di pagpasok sa trabaho　仕事が休み

Petsa ng di pagpasok:　Buwan ______ Petsa ______
欠席月日　月　日

Mangyaring kumpletuhin ang form na ito ng mga kinakailangang impormasyon o lagyan ng tsek ✔ sa naaangkop na box.
記入または□のなかに✔印をつけてください。

Notification Card sa Kalusugan
健康状態連絡カード（身体の状態）

Pangalan ng Bata　児童氏名 ______________________

Ito ay para ipaalam sa inyo ang kalagayang pangkalusugan ng inyong anak habang nasa nursery school.
保育園での様子をお知らせします。

Taon _____ Buwan _____ Petsa _____ Oras _____
年　月　日　時

Ang inyong anak ay may temperatura na (　　) degrees　体温は（　　）度でした。

☐ Ang inyong anak ay walang gaanong gana sa pagkain.　食欲はあまりありませんでした。
☐ Ang inyong anak ay masyadong bugnutin buong araw.　機嫌が悪く、ぐずってばかりいました。
☐ Ang inyong anak ay hindi masyadong nakatulog nang maayos.　よく眠りませんでした。
☐ Ang inyong anak ay inubo.　咳をしていました。
☐ Ang inyong anak ay nahirapan huminga.　喘鳴（ぜーぜー・ひゅうひゅう）がありました。
☐ Ang inyong anak ay may sipon.　鼻汁が出ていました。
☐ Ang inyong anak ay bahing nang bahing.　くしゃみが出ていました。
☐ Ang inyong anak ay sumuka.　嘔吐しました。
☐ Ang inyong anak ay nagkaroon ng pagtatae.　下痢しました。
☐ Ang inyong anak ay tila sumakit ang tiyan.　お腹が痛いようでした。
☐ Ang inyong anak ay tila nagkaroon ng sakit sa ngipin.　歯が痛いようでした。
☐ Ang inyong anak ay tila sumakit ang tenga.　耳が痛いようでした。
☐ Ang inyong anak ay may tubig/nana na lumabas mula sa kanyang mga tainga.　耳だれが出ていました。
☐ Ang (mga) mata ng inyong anak ay namula.　目が充血していました。
☐ Ang inyong anak ay may ilang discharge mula sa kanyang mga mata.　目やにが出ていました。
☐ Ang inyong anak ay nagkaroon ng pantal.　発疹が出ていました。
☐ Ang inyong anak ay nagkaroon ng kagat ng insekto.　虫にさされました。
☐ Ang inyong anak ay purulent.　化膿していました。
☐ Ang inyong anak ay nagkaroon ng kombulsyon.　ひきつけました。

Notification Card ng Pisikal na Kalusugan (Pinsala).
健康状態連絡カード（けが）

Pangalan ng Bata　児童氏名 ______________________

Ito ay upang ipaalam sa inyo na ang inyong anak ay nagkaroon ng pinsala habang nasa nursery school.
保育園でけがをしたのでお知らせします。

Taon _____ Buwan _____ Petsa _____ Oras _____
年　月　日　時

Aksidente:　傷害

☐ Sugat　切傷　☐ Nakaskas na Balat　擦過傷（すり傷）　☐ Sugat ng Saksak　刺傷
☐ Pasa　打撲傷　☐ Malaking Hiwa/Sugat　裂傷　☐ Nabali ang Buto　骨折
☐ Pilay　ねんざ　☐ Nalinsad na Buto　脱臼　☐ Nakagat　咬傷（かみ傷）
☐ Paso　熱傷（やけど）　☐ Nakalunok ng Isang Bagay　異物挿入

Paggamot:　処置
(Sa Nursery School)　（保育園で）
☐ Dinisinpekta ang sugat/pinsala.　消毒した
☐ Simpleng lunas (bendahe)　簡単な手当をした
☐ Nilapatan ng pampalamig ang pinsala.　冷やした
☐ Pinapahinga ang bata.　寝かせておいた

(Sa Hospital o Klinik)　（医療機関受診）
☐ Hindi na Kinakailangan ng Paggamot　手当を必要としなかった
☐ Dinisinpekta ang sugat/pinsala.　消毒した
☐ Nagkaroon ng X-ray.　レントゲン検査をした　☐ Tinahi ang sugat.　縫合した
☐ Nilagyan ng cast.　ギプスなどで固定した　☐ Nilagyan ng bendahe.　湿布した
☐ Tinanggal ang nalunok na bagay.　異物を除去した　☐ Binigyan ng gamot.　投薬した

Karagdagang Pag-iingat:　これからの注意事項
☐ Ang bata ay maaaring bumalik sa school.　登園してよい。
☐ Kung ang bata ay magkakaroon ng iba pang mga sintomas, mangyaring magpatingin sa doktor.
変わった症状が出現した時は、医療機関で受診してください。
☐ Mangyaring dalhin ang bata upang magpatingin sa doktor bukas para sa paggamot.
明日、医療機関で受診してください。
☐ Mangyaring inumin ang iniresetang gamot ayon sa mga tagubilin ng doktor.
医師の指示を守って薬を使用してください。
☐ Mangyaring panatilihin ang bata sa bahay at huwag papasukin sa nursery school.
保育園を欠席させてください。

Listahan ng Mga Kinakailangang Gamit
持ち物絵カード集

タガログ語

School bag 通園カバン 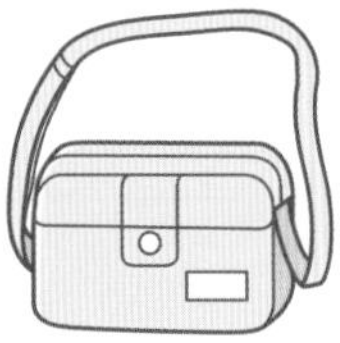	Smock; Damit na Parang Apron スモック 	Shirt; Damit na may kuwelyo シャツ 	T-Shirt Tシャツ 	Underwear パンツ 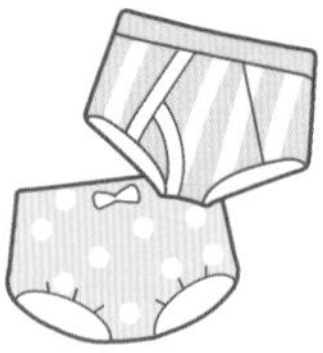
Slacks/Pantalon ズボン 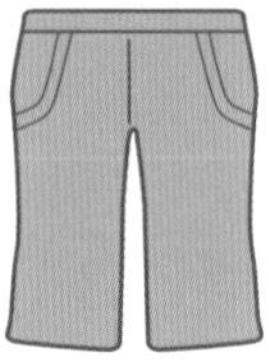	Shorts 半ズボン 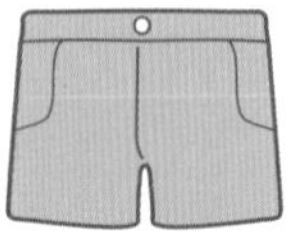	Vest ベスト 	Jacket ジャンパー 	Panyo ハンカチ 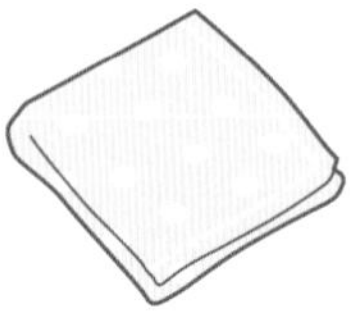
Tissue Paper ポケットティッシュ 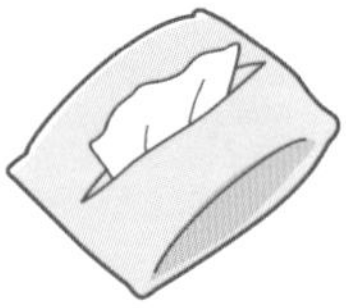	Tissue Paper ティッシュペーパー （ボックスティッシュ） 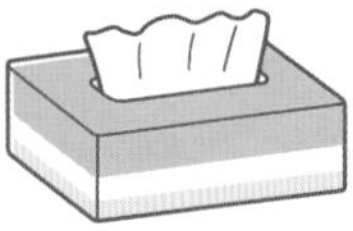	Table Napkin ナフキン 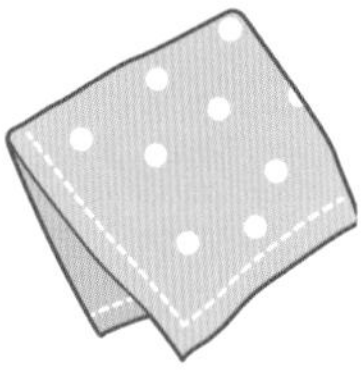	Chopsticks 箸 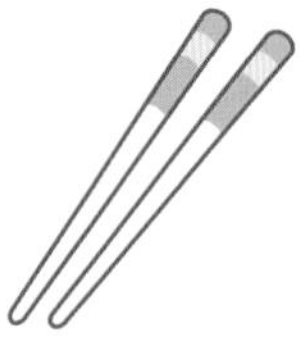	Lalagyan ng Chopsticks 箸入れ 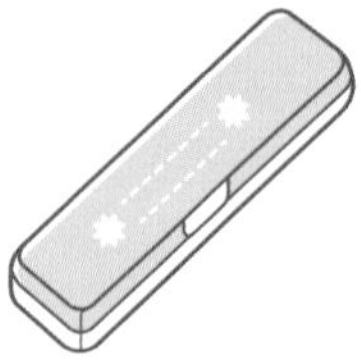
Toothbrush 歯ブラシ 	Cup コップ 	Sapatos na Panlabas 靴 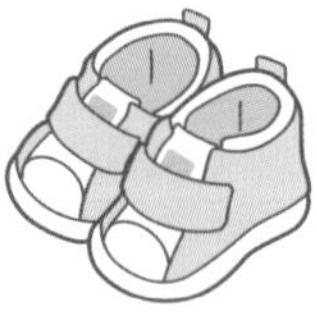	Sapatos na Panloob ng Bahay 上靴 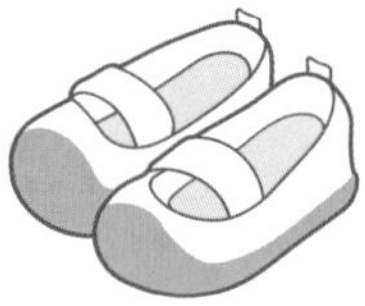	Shoe Bag/Lalagyan ng sapatos 靴入れ 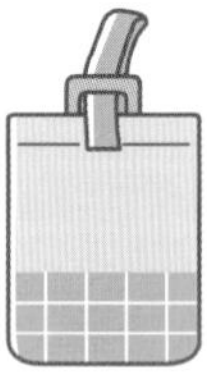
Cloth Bag/Bag na Tela 布袋 	Pajama Bag/Lalagyan ng Pajama パジャマ袋 	Pajama パジャマ 	Swim Suit 水着 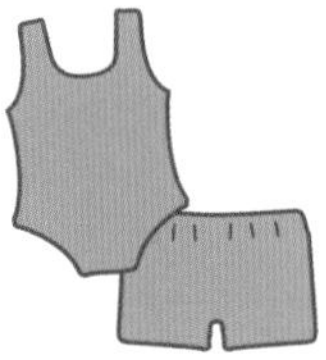	Swimming Cap 水泳帽 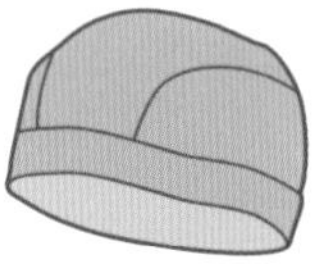

タガログ語

Maliliit na Plastic Bag ビニール袋 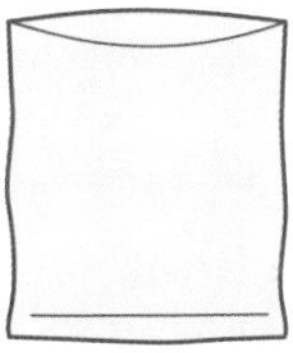	Face Towel フェイスタオル 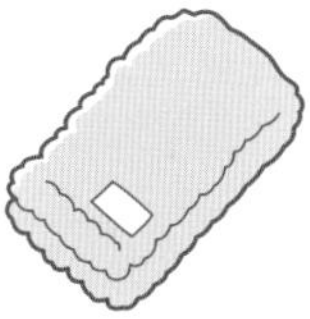	Hand Towel ハンドタオル 	Bath Towel バスタオル 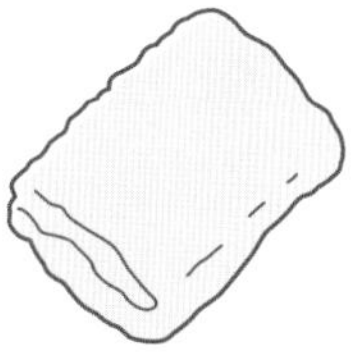	Panlinis na Basahan 雑巾 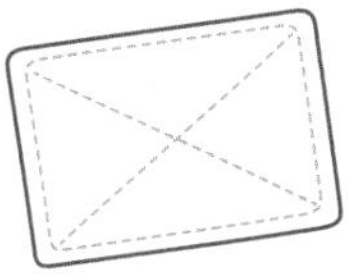
Plastic Bag na Merong Hawakan 手さげビニール袋 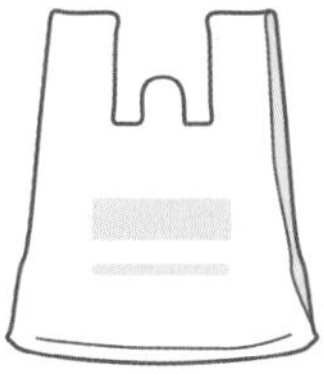	Payong 傘 	Raincoat (Poncho) レインコート（カッパ） 	Boots/Bota 長靴 	Thermos (Water, Tea) 水筒（水またはお茶） 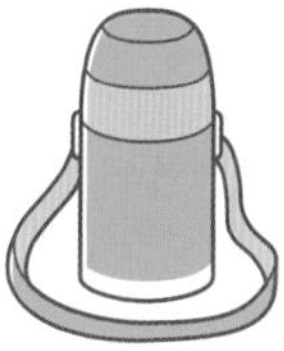
Backpack リュックサック 	Pantaas Futon 掛布団 	Pang-ilalim Futon 敷布団 	Bedsheet na Pang-ilalim シーツ 	Baby Blanket ベビー毛布 
Diaper おむつ 	Waterproof Diaper Cover おむつカバー 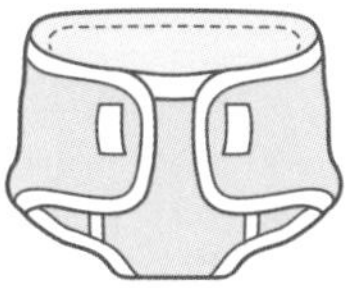	Apron エプロン 	Apron (Bib para sa pagkain) エプロン（食事用よだれかけ） 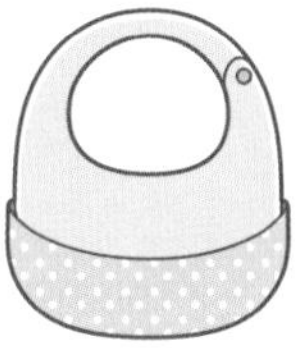	Medyas くつ下 
Sombrero 帽子 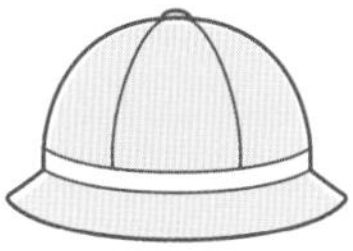	Baon お弁当 			

第2章

保護者支援に役立つ 外国語入り シート・絵カード集

英語編

1 園生活を伝える例文集

Congratulations! Your child has been accepted into nursery school!

Nursery schools are facilities which offer day care for children on behalf of parents or guardians who cannot provide sufficient day care because they are employed or ill.

School staff members strive to ensure that children lead healthy, safe, happy lives, and that they develop sound minds and bodies. Child-raising methods may slightly differ from those of your home country due to cultural differences, however, school staff treat all children with kindness and great care.

We look forward to your kind understanding and cooperation and hope that your child will grow to adapt quickly to the new nursery school life.

入園おめでとうございます。

保育園は、保護者が働いていたり、病気等のために家庭で育児ができない乳幼児を保護者に代わって保育する所です。

保育園の職員は、子どもたちが健康、安全で楽しい生活ができるように、また健やかに心身が発達するように努めています。ご両親のお国と日本の生活習慣が異なるために、育児の方法に多少の違いがあるかもしれませんが、保育者は子どもたちをかわいがり、大切に保育します。

お子さんが保育園での生活に早く慣れ、楽しくすごせるようにご理解とご協力をお願いします。

1. Nursery School Hours
保育時間

Weekdays: From ______:______ a.m. to ______:______ p.m.
〈平日〉 午前 時 分～午後 時 分

Saturdays: From ______:______ a.m. to ______:______ p.m.
〈土曜〉 午前 時 分～午後 時 分

2. Closed
休園日

Sundays, national holidays, Year-End/New Year holidays, etc. (Month ____ Date ____ to Month ____ Date ____)
日曜日、国民の祝日、その他年末年始等 （ 月 日～ 月 日）

3. Nursery School Fees
保育料

Nursery school fees must be paid every month by the designated day.
保育料は毎月決められた日までに納入してください。

4. Daily Life at Nursery School

(1) Arriving and Leaving

a. Parents (guardians) are responsible for taking their children to school and picking them up.

b. Please notify us in advance whenever someone other than a parent takes or picks up your child.

c. Please notify us in advance if your child is going to be late or absent, or if the pick up time will be late.

d. If an official storm/flood/snow/earthquake or other alert is announced before taking your child to school, please stay home with your child.
When an official alert is announced after you have taken your child to school, please pick up your child as soon as possible.

日常生活

（1）登園・降園

a. 登降園は、保護者が責任をもってお子さんの送り迎えをしてください。

b. 送り迎えをする人を変更する場合には、前もって保育園に連絡をしてください。

c. 欠席の場合や登園・お迎えが遅くなる場合は、前もって保育園に連絡をしてください。

d. 登園前に暴風・大雨・洪水・大雪等の警報および地震の警戒宣言が発令された場合には、登園を見合わせてください。
登園後に発令された場合には、できるだけ早くお迎えに来てください。

(2) School Lunch

Children under three years of age will be provided with a main dish, side dish and snack.
Children three years of age and older will be given a side dish and a snack. A main dish must be brought from home. (For a school lunch main dish, there is a monthly fee of ¥______).

（2）給食（昼食）

３歳未満児には主食・副食とおやつを提供します。
３歳以上児には副食とおやつを提供します。主食はご家庭から持ってきてください。（主食代として毎月　　　円を納入してください。）

(3) Other Matters

a. Please notify the school in writing of any change of address, employment address or occupation of parent/guardian.

b. Please write your child's name on all clothing and belongings.

c. Periodic evacuation drills and health measurements (height and weight) are conducted at school.

（3）その他

a. 保護者の勤務先や職業、住所が変わった場合には、保育園に届け出てください。

b. お子さんの衣服・持ち物には、名前をつけてください。

c. 保育園では、定期的に避難訓練や身体計測を行います。

5. Health Management

(1) If your child is ill, please keep him/her at home until he/she is well.

(2) For the safety of other children, when your child has a contagious illness, please keep him/her at home until the doctor gives permission to return to school.

(3) If your child becomes ill during the day, you must pick your child up immediately.

(4) Nursery schools are generally not responsible for administering medicine to children. (If it is absolutely necessary that the nursery school administer medicine for your child, you must have a written explanation from your family doctor. Make sure you tell the nursery school the proper method/dosage of administering the medicine.)

(5) Your child should be immunized against as many illnesses designated by the authorities as possible.

(6) An affiliated physician conducts periodic health checkups at school.

健康管理

（1）お子さんが病気の時には欠席させ、なおってから登園させてください。

（2）お子さんが感染性の病気にかかった場合は、他の子どもに感染しますので、医師の登園許可が出るまで欠席させてください。

（3）保育中、お子さんの体のぐあいが悪くなった場合には、迎えに来ていただきます。

（4）保育園では、原則としてお子さんの薬はお預かりしません。（保育園に薬を預ける場合には、主治医の許可を得てください。薬の使用方法については、必ず保育園に知らせてください。）

（5）お子さんは、できるだけ決められた予防接種を受けるようにしてください。

（6）保育園では、定期的に、嘱託医による子どもの健康診断を行います。

6. A Day at Nursery School
保育園の一日

Arrival and Health Check
登園と健康チェック

Morning Snack
午前のおやつ

Milk
授乳

Baby Food
離乳食

Juice
果汁

Games and Activities
遊びや活動

Lunch Time
昼食

Milk
授乳

Baby Food
離乳食

Juice
果汁

Nap Time
おひるね

Afternoon Snack
午後のおやつ

Milk
授乳

Baby Food
離乳食

Juice
果汁

Afternoon Activities
午後の活動

Health Check and Leaving
Nursery School
健康チェックと降園

7. Nursery School Events
Main Events

保育園の行事
主な行事

Children's Day

On Children's Day, May 5, the healthy growth of children is celebrated with such traditional decorations as "musha-ningyo" (dolls in warrior attire) and "koi-nobori" (carp streamers). Children also have fun eating "kashiwamochi" (rice cakes wrapped in oak leaves) and playing with their friends.

こどもの日
5月5日の子どもの日には、武者人形を飾ったり、鯉のぼりを立てたりして、子どもたちの元気な成長を祝います。また、かしわもちを食べたり、お友達と楽しく遊びます。

Field Trips

Children leave school as a class or together with other classes on field trips to spend a fun day learning about society and/or nature.

遠足
クラスのお友達や、他のクラスのお友達と園外保育に出かけます。社会見学をしたり自然に触れたりして、楽しい1日を過ごします。

Tanabata Festival (Star Festival)

Tanabata Festival, July 7, is celebrated by writing down a wish on a strip of paper, tying the paper to a bamboo branch and asking the stars to make the wish come true.

七夕まつり
7月7日に、短冊に願いごとをかき、笹につけてお星さまに願いをかけるおまつりです。

Summer Festival
To make the hot summer feel cooler, parents and children have fun together dancing "bon-odori" (folk dances) and playing games.

夏まつり
暑い夏に夕涼みをかねて、親子で盆おどりをしたりゲームをして楽しみます。

Sports Day

Children perform and enjoy playful exercises, expression games and sports. Family members are also welcome to participate in a fun day of sports activities.

運動会
日ごろから親しんでいる体育遊びや表現遊びを発表したり、いろいろなゲームや運動をして遊びます。ご家族も参加して、楽しい1日を過ごしてください。

Christmas Party

The Christmas program at school is not a religious celebration, rather children perform skits which they have been practicing especially for this day and have fun together doing other activities.

クリスマス会
保育園のクリスマスは、宗教的なものではありません。子どもたちが、今までとりくんだ劇などを発表したり、みんなで遊んだりします。

Coming-of-Spring (Setsubun)

On February 3, children throw beans and chant "Fuku wa uchi, oni wa soto" (Happiness in, devils out) to wish for happiness.

節分
2月3日に、「福は内・鬼は外」と言って豆をまき、幸福を願います。

Doll Festival (Hina Matsuri)

On March 3, the healthy growth of children is celebrated with the traditional decorative "hina-ningyo" (emperor and empress dolls). Children also have fun playing games.

ひなまつり
3月3日に、ひな人形を飾り、子どもたちの元気な成長を祝って楽しく遊びます。

Other Events

その他

Birthday Parties

Children's birthdays are celebrated.

誕生会
子どもたちの誕生日を祝う行事です。

Arts and Crafts Exhibit

Children's art is displayed.

作品展覧会
子どもたちが作った作品を展示します。

Rice Pounding (Mochitsuki)

During the last days of the year or the beginning of the New Year, glutinous rice is steamed, placed in a wooden mortar and pounded into rice cakes.

もちつき
お正月の前後に、もち米を蒸して、臼に入れ、杵でついて餅を作ります。

In addition to the above-mentioned programs, there are also Entrance and Graduation ceremonies, open house, local community gatherings and informative lectures. Activities vary according to each area and individual schools.

　以上の他、入園・卒園を祝う会、保育参観、地域との交流会、生活発表会などがあります。
　これらの行事は、地域や保育園によって異なります。

2 シート・絵カード集

Arriving at and Leaving Nursery School

登降園等調査票

英語

Child's Name　児童氏名	Date of Birth　生年月日 Year ______ Month ______ Date ______ 年　月　日
Address　住所	Telephone Number　電話番号

	Father/Guardian　父	Mother/Guardian　母
Name　氏名		
Employer　勤務先		
Work Address　勤務先住所		
Work Telephone Number　勤務先電話番号 (FAX)　（ファックス）	Extension　内線	Extension　内線
Occupation　職業	☐ Full Time Employment 本採用 ☐ Temporary Employment 臨時	☐ Full Time Employment 本採用 ☐ Temporary Employment 臨時
Working Hours　勤務時間	Weekdays from　:　to　: 平日 Saturdays from　:　to　: 土曜日 Days Off　(　) days/week 休日　曜日	Weekdays from　:　to　: 平日 Saturdays from　:　to　: 土曜日 Days Off　(　) days/week 休日　曜日
Transit Time to/from Nursery School 送迎所要時間	From Home: _____ hours _____ minutes 自宅から　時間　分 From work: _____ hours _____ minutes 勤務先から　時間　分	From Home: _____ hours _____ minutes 自宅から　時間　分 From work: _____ hours _____ minutes 勤務先から　時間　分
	Father/Guardian　父	Mother/Guardian　母
Transportation Method to/from Nursery School 送迎方法	☐ On foot　☐ By bicycle 徒歩　自転車 ☐ By car　☐ Other 自動車　その他	☐ On foot　☐ By bicycle 徒歩　自転車 ☐ By car　☐ Other 自動車　その他
Emergency Contact:　両親以外の連絡先 Name　氏名 Telephone Number　電話番号 (Fax)　（ファックス）	Extension　内線	Relationship　関係 ☐ Family Member　☐ Relative 家族　親族 ☐ Coworker　☐ Acquaintance 勤務先の人　知人
Other people who may take or pick up child:　両親以外の送迎者 Take　送る人 Telephone Number　電話番号 (Fax)　（ファックス）	Name　氏名 Extension　内線	Relationship　関係 ☐ Family Member　☐ Relative 家族　親族 ☐ Coworker　☐ Acquaintance 勤務先の人　知人
Pick up　迎える人 Telephone Number　電話番号 (Fax)　（ファックス）	Name　氏名 Extension　内線	Relationship　関係 ☐ Family Member　☐ Relative 家族　親族 ☐ Coworker　☐ Acquaintance 勤務先の人　知人

Please complete this form with the necessary information or write a check mark ✔ in the appropriate box.
記入または□のなかに✓印をつけてください。

Family Questionnaire

児童家庭調査票

英語

Child's Name　児童氏名	Male □男	Female □女	Date of Birth　Year ____ Month ____ Date ____ 生年月日　年　月　日

Address　住所	Telephone Number　電話 (　　)	Parent's (Guardian's) Name　保護者氏名	Relationship to Child　続柄

Names of Family Members 家族氏名	Relationship to Child 続柄	Date of Birth 生年月日	Occupation 職業	Telephone Number of Place of Employment/School 勤務先・通学先電話番号	Japanese Language Speaking Ability 日本語の会話
Parent's (Guardian's) Name 保護者氏名		Year __ Month __ Date __ 年　月　日		(　　)	□Yes　可 □No　否
		Year __ Month __ Date __ 年　月　日		(　　)	□Yes　可 □No　否
		Year __ Month __ Date __ 年　月　日		(　　)	□Yes　可 □No　否
		Year __ Month __ Date __ 年　月　日		(　　)	□Yes　可 □No　否
		Year __ Month __ Date __ 年　月　日		(　　)	□Yes　可 □No　否

Health Insurance Name 健康保険証	□National Health Insurance　国民健康保険 Number　番号（　　　　）	□Social Insurance　社会保険 Number　番号（　　　　）

Abnormalities During Pregnancy (Mother) 妊娠中の状態（母親）	Abnormalities During Pregnancy　妊娠中の主な異常 □Toxemia　妊娠中毒症　□Anemia　貧血 □Contagious Diseases (　　　)　感染症　□Other Abnormalities Diagnosed by Physician (　　　　)その他医師から指摘された異常
	Daily Life During Pregnancy　妊娠中の生活 □Smoked (　　) cigarettes/day　喫煙していた（　　）本／日 □Drank　お酒をよく飲んでいた □Worked　働いていた
Childbirth Conditions (Mother) 出産の状態（母親）	Country of Childbirth　出産した国 □Japan　日本　□Other (　　　　)　日本以外
	Length of Pregnancy　妊娠期間 (　　) weeks (　　days before/after due date) (　　)週（予定より　　日　早い・遅い）
	Type of Childbirth　出産方法 □Normal Position　普通の方法　□Breech Position　骨盤位（逆子） □Cesarean Section　帝王切開　□Other (　　　　)その他
Condition at Birth (Child) 出生時等の状態（子ども）	Measurements at Birth　出生時の体格 Weight (　　) grams　体重 g　Height (　　) centimeters　身長 cm
	Abnormalities/Irregularities at Childbirth　出生時の異常 □Normal　無し　□Asphyxia　仮死　□Other (　　　　)その他
	Abnormalities/Irregularities Immediately After Birth　新生児期の異常 □Jaundice　重症の黄疸　□Respiratory Disability　呼吸障害　□Convulsions　けいれん □Contagious Diseases　感染症　□Other (　　　　)その他
Conditions After Birth (Child) 生後の状態（子ども）	Development　発育状態 □Normal　順調　□Below Average　あまりよくない

Please complete this form with the necessary information or write a check mark ✓ in the appropriate box.
記入または□のなかに✓印をつけてください。

Conditions After Birth (Child)
生後の状態（子ども）

Development　発達状態
□ Held head steady when held upright: at (　　) months.　首すわり　か月
□ Walked: at (　　) months　独り歩き　か月
□ First Words: at (　　) months　始語　か月
□ Concerns: ________________________　心配なこと

Diet and Nutrition During Infancy
入園までの食生活及び栄養法―乳児期
□ Breastmilk　母乳栄養　□ Combination (Breastmilk and Formula)　混合栄養　□ Formula　人工栄養
Weaning　離乳
Began weaning: at (　　) months　開始　か月　Completed: at (　　) months　終了　か月
Progress:　進行状況　□ Good　良い　□ Average　まあまあ　□ Difficult　困難

Diet and Nutrition During Early Childhood
入園までの食生活及び栄養法―幼児期
Appetite:　食欲
□ Good　良い　□ Not Good　悪い
Preferences:　好き嫌い
□ Very Picky　あり　□ Not Picky　無し

Foods Not Given to Child (□ For religious reasons　宗教上　□ Allergy　アレルギー)
食べさせていないもの
□ Beef　牛肉　□ Pork　豚肉　□ Chicken　鶏肉
□ Fish　魚　□ Eggs　鶏卵　□ Milk　牛乳
□ Other (　　　　　　　　　　　　)　その他

Medical History - Record of Childhood Illnesses　これまでにかかった主な病気とその時期
□ Measles　____ years ____ months　麻疹（はしか）　歳　か月
□ Chicken Pox　____ years ____ months　水痘（水ぼうそう）　歳　か月
□ Mumps　____ years ____ months　流行性耳下腺炎（おたふくかぜ）　歳　か月
□ Rubella　____ years ____ months　風疹　歳　か月
□ Hand-Foot-Mouth Disease　____ years ____ months　手足口病　歳　か月
□ Erythema Infectiosum　____ years ____ months　伝染性紅斑　歳　か月
□ Other (　　　　　)　____ years ____ months　その他　歳　か月

Accidents Requiring Medical Care　これまでの医療を要した事故傷害
□ Bone Fracture　骨折　□ Burns　やけど　□ Cuts　切り傷
□ Drank/Swallowed Foreign Substance　誤飲　□ Other (　　　　　　　　　　)　その他

Physical Health　体質等
□ Frequent Rashes　湿疹ができやすい　□ Asthma　ぜん息
□ Allergies to Medicines, other (　　　　　　　　)　薬その他のアレルギー疾患
□ Convulsions/Cramps (With/Without Fever)　ひきつけ（熱あり・熱なし）
□ Average Body Temperature: (　　) degrees　平熱（　　度）

Immunization Record
これまでに済ました予防接種とその時期（最後に受けた時期）
□ BCG　____ years ____ months　BCG　歳　か月
□ Diphtheria　____ years ____ months　ジフテリア　歳　か月
□ Whooping Cough　____ years ____ months　百日咳　歳　か月
□ Tetanus　____ years ____ months　破傷風　歳　か月
□ Polio　____ years ____ months　ポリオ　歳　か月
□ Rubella　____ years ____ months　風疹　歳　か月
□ Measles　____ years ____ months　麻疹（はしか）　歳　か月
□ Mumps　____ years ____ months　流行性耳下腺炎（おたふくかぜ）　歳　か月
□ Japanese Encephalitis　____ years ____ months　日本脳炎　歳　か月
□ Influenza　____ years ____ months　インフルエンザ　歳　か月
□ Pediatric Pneumococcus　____ years ____ months　小児肺炎球菌　歳　か月
□ Hib　____ years ____ months　ヒブ感染症　歳　か月
□ Hepatitis B　____ years ____ months　B型肝炎　歳　か月
□ Other　(　　　　)　____ years ____ months　その他　歳　か月

Child's Main Medical Facility
子どもがかかりつけの医療機関

Name of Hospital/Clinic　病院名・医院名

Address　所在地

Telephone Number　電話番号　(　　　)
(FAX)　（ファックス）　(　　　)

英語

Notification Card Regarding Hours for Taking and Picking Up Child to/from Nursery School

送迎時間等連絡カード

Child's Name　児童氏名 ______________________

□ Arrival time at school will change:　登園する時間がかわります。

Month ______ 月　Date ______ 日　Hour ______ 時　Minute ______ 分

□ Pick-up time from school will change:　迎えの時間がかわります。

Month ______ 月　Date ______ 日　Hour ______ 時　Minute ______ 分

□ Another person will take my child to school.　送って来る人がかわります。

□ Another person will pick up my child from school.　迎えに来る人がかわります。

When: いつ　Month ______ 月　Date ______ 日

Name　氏名

□ Family Member　家族　　□ Relative　親族

□ Coworker　勤務先の人　　□ Acquaintance　知人

□ Our place of employment will be changed.　勤務先がかわります。

□ Father/Guardian　父　　□ Mother/Guardian　母

When: いつから　Month ______ 月　Date ______ 日

Name of New Place of Employment　新しい勤務先

Work Address　勤務先住所

Telephone Number　勤務先電話番号　　Extension　内線

(FAX)　ファックス

Please complete this form with the necessary information or write a check mark ✔ in the appropriate box.

記入または□のなかに✔印をつけてください。

英語

Absentee Notification

欠席連絡カード

Child's Name　児童氏名 ______________________

□ My child will be absent for the following reason.　次の理由で欠席します。

□ My child was absent for the following reason.　次の理由で欠席しました。

□ Fever　熱が出た　　□ Cold　かぜをひいた

□ Diarrhea　下痢をした　　□ Stomachache　お腹が痛い

□ Vomiting　嘔吐した　　□ Convulsions　ひきつけた

□ Rash　発疹が出た　　□ Toothache　歯が痛い

□ Earache　耳が痛い　　□ Red Eye　目が赤い

□ Injury　けがをした　　□ Family Trip　家族旅行

□ Personal　用事ができた　　□ Absence from work　仕事が休み

Date of Absence: 欠席月日　Month ______ 月　Date ______ 日

Please complete this form with the necessary information or write a check mark ✔ in the appropriate box.

記入または□のなかに✔印をつけてください。

英語

Health Notification Card

健康状態連絡カード（身体の状態）

Child's Name　児童氏名 ____________________

This is to inform you of your child's health condition while at nursery school.
保育園での様子をお知らせします。

Year _____ Month _____ Date _____ Hour _____
年　月　日　時

Your child had a temperature of (　) degrees.　体温は（　）度でした。

- ☐ Your child did not have much of an appetite.　食欲はあまりありませんでした。
- ☐ Your child was very cranky all day.　機嫌が悪く、ぐずってばかりいました。
- ☐ Your child did not sleep well.　よく眠りませんでした。
- ☐ Your child was coughing.　咳をしていました。
- ☐ Your child was wheezing.　喘鳴（ぜーぜー・ひゅうひゅう）がありました。
- ☐ Your child had a runny nose.　鼻汁が出ていました。
- ☐ Your chid was sneezing.　くしゃみが出ていました。
- ☐ Your child vomited.　嘔吐しました。
- ☐ Your child had diarrhea.　下痢しました。
- ☐ Your child seemed to have a stomachache.　お腹が痛いようでした。
- ☐ Your child seemed to have a toothache.　歯が痛いようでした。
- ☐ Your child seemed to have an earache.　耳が痛いようでした。
- ☐ Your child had some discharge from his/her ears.　耳だれが出ていました。
- ☐ Your child's eye(s) was (were) red.　目が充血していました。
- ☐ Your child had some discharge from his/her eyes.　目やにが出ていました。
- ☐ Your child had a rash.　発疹が出ていました。
- ☐ Your child had an insect bite.　虫にさされました。
- ☐ Your child had an infection.　化膿していました。
- ☐ Your child had a convulsion.　ひきつけました。

英語

Physical Health (Injury) Notification Card

健康状態連絡カード（けが）

Child's Name　児童氏名 ____________________

This is to inform you that your child had an injury while at nursery school.
保育園でけがをしたのでお知らせします。

Year _____ Month _____ Date _____ Hour _____
年　月　日　時

Accident:　傷害

☐ Cut　切傷	☐ Scrape　擦過傷（すり傷）	☐ Puncture　刺傷
☐ Bruise　打撲傷	☐ Open Wound　裂傷	☐ Fractured Bone　骨折
☐ Sprain　ねんざ	☐ Dislocated Joint　脱臼	☐ Bite　咬傷（かみ傷）
☐ Burn　熱傷（やけど）	☐ Ingestion of Foreign Object　異物挿入	

Treatment:　処置

(At Nursery School)　（保育園で）

- ☐ Disinfected the injury.　消毒した
- ☐ Simple treatment (bandage).　簡単な手当をした
- ☐ Cooled the injury.　冷やした
- ☐ Had the child rest.　寝かせておいた

(At a Medical Facility)　（医療機関受診）

- ☐ Treatment was not necessary.　手当を必要としなかった
- ☐ Disinfected the injury.　消毒した

☐ Had an X-ray.　レントゲン検査をした	☐ Had stitches.　縫合した
☐ Put a cast on.　ギプスなどで固定した	☐ Bandage applied.　湿布した
☐ Removed the foreign object.　異物を除去した	☐ Gave medication.　投薬した

Additional Caution:　これからの注意事項

- ☐ Child may return to school.　登園してよい。
- ☐ If child develops other symptoms, please see a doctor.
  変わった症状が出現した時は、医療機関で受診してください。
- ☐ Please take child to see a doctor tomorrow for treatment.
  明日、医療機関で受診してください。
- ☐ Please take the prescribed medication according to the doctor's instructions.
  医師の指示を守って薬を使用してください。
- ☐ Please keep child home from school.　保育園を欠席させてください。

List of Required Belongings
持ち物絵カード集

英語

School Bag 通園カバン 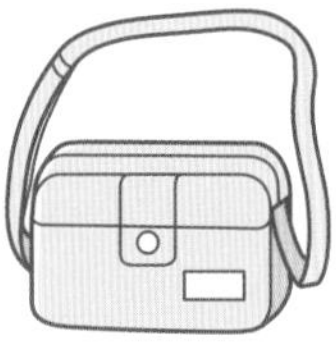	Smock スモック 	Shirt シャツ 	T-Shirt Tシャツ 	Underwear パンツ 
Slacks ズボン 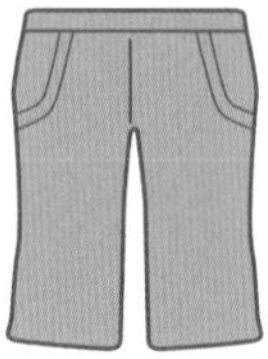	Shorts 半ズボン 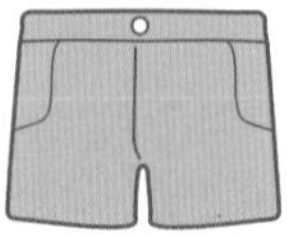	Vest ベスト 	Jacket ジャンパー 	Handkerchief ハンカチ 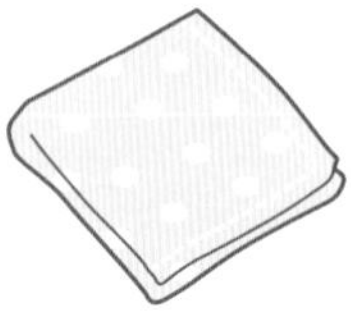
Pocket Tissue ポケットティッシュ 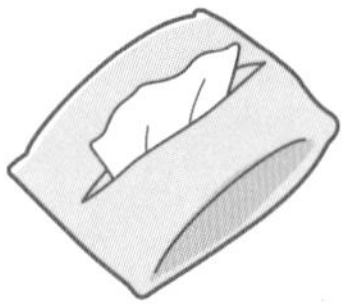	Tissue Paper ティッシュペーパー （ボックスティッシュ） 	Napkin ナフキン 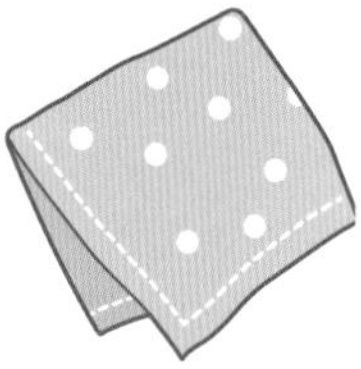	Chopsticks 箸 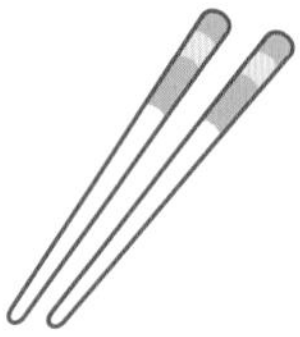	Chopsticks Box 箸入れ 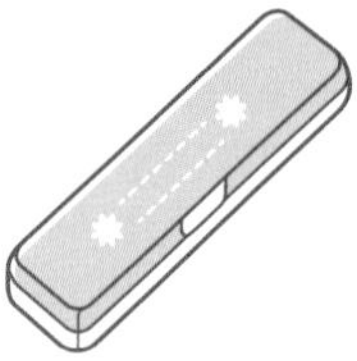
Toothbrush 歯ブラシ 	Cup コップ 	Outside Shoes 靴 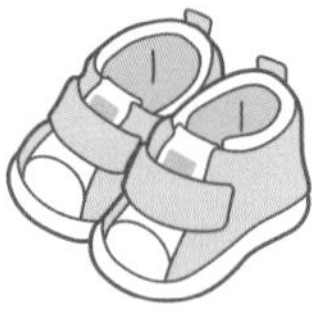	Indoor Shoes 上靴 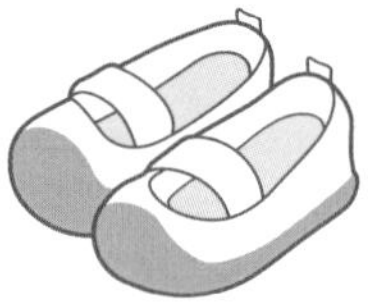	Shoe Bag 靴入れ 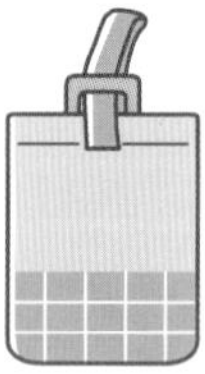
Cloth Bag 布袋 	Pajama Bag パジャマ袋 	Pajamas パジャマ 	Swim Suit 水着 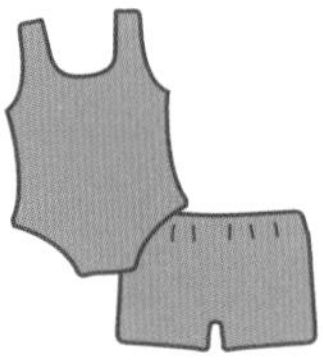	Swimming Cap 水泳帽 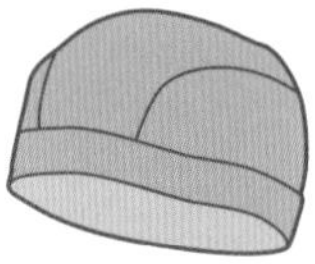

英語

Small Plastic Bags ビニール袋 	Face Towel フェイスタオル 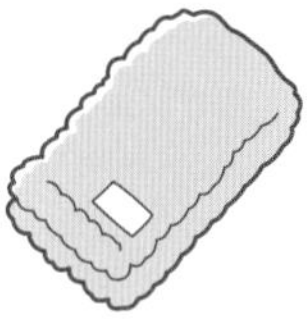	Hand Towel ハンドタオル 	Bath Towel バスタオル 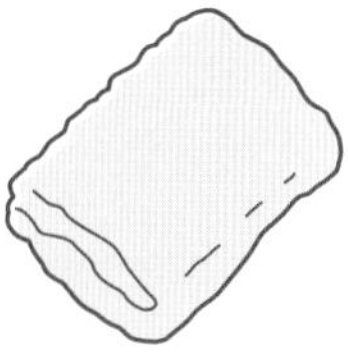	Cleaning Cloth 雑巾 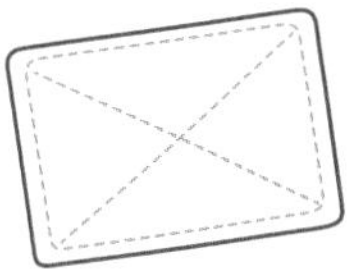
Plastic Bag with Handles 手さげビニール袋 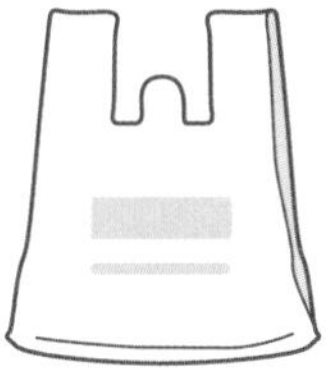	Umbrella 傘 	Raincoat (Poncho) レインコート（カッパ） 	Boots 長靴 	Thermos (Water, Tea) 水筒（水またはお茶） 
Backpack リュックサック 	Top Futon 掛布団 	Bottom Futon 敷布団 	Bottom Sheet シーツ 	Baby Blanket ベビー毛布 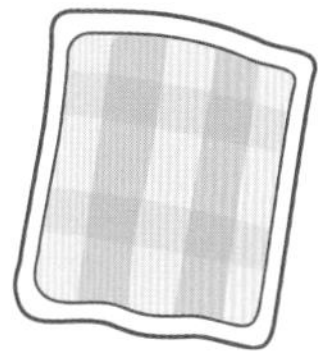
Diapers おむつ 	Waterproof Diaper Cover おむつカバー 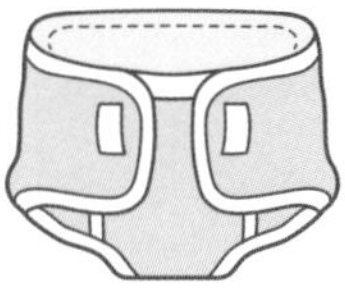	Apron エプロン 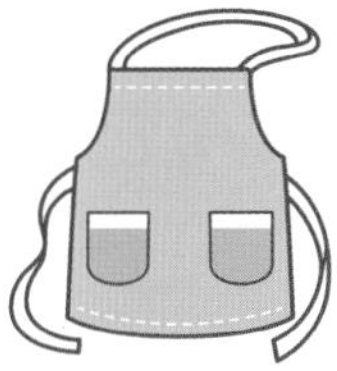	Apron (Bib for meals) エプロン （食事用よだれかけ） 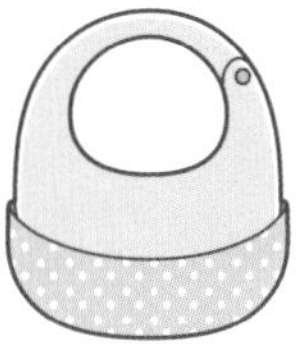	Socks くつ下 
Hat 帽子 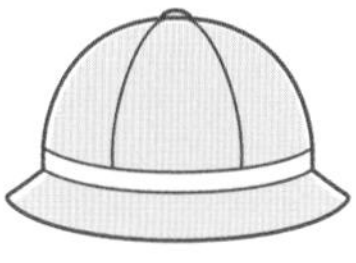	Box Lunch お弁当 			

第2章

保護者支援に役立つ 外国語入り シート・絵カード集

スペイン語編

1 園生活を伝える例文集

¡Felicidades! Su niño ha ingresado a la guardería.

Las guarderías son el lugar que sustituye a los padres que por motivos de trabajo, de alguna enfermedad, etc. no pueden velar por la educación de sus hijos en casa.

Las personas que laboran en la guardería hacen su máximo esfuerzo para que los niños puedan llevar una vida saludable, segura, divertida y alcancen un desarrollo armonioso, tanto espiritual como fisicamente. Probablemente la manera de educar a los niños en Japón sea un poco diferente de la de los padres, a causa de la diferencia cultural que hay con otros países, sin embargo, los educadores ponen lo mejor de su parte para brindar cariño y atención a todos los niños por igual.

Rogamos a los padres la comprensión y colaboración para que los niños lleguen pronto a acostumbrarse a la guardería y a llevar una vida más divertida.

入園おめでとうございます。

保育園は、保護者が働いていたり、病気等のために家庭で育児ができない乳幼児を保護者に代わって保育する所です。

保育園の職員は、子どもたちが健康、安全で楽しい生活ができるように、また健やかに心身が発達するように努めています。ご両親のお国と日本の生活習慣が異なるために、育児の方法に多少の違いがあるかもしれませんが、保育者は子どもたちをかわいがり、大切に保育します。

お子さんが保育園での生活に早く慣れ、楽しくすごせるようにご理解とご協力をお願いします。

1. Horario de la guardería
保育時間

Días hábiles: de hrs.______min.______a.m. a hrs. ______min.______p.m.
〈平日〉 午前 時 分 ～ 午後 時 分

Sábado: de hrs.______min.______a.m. a hrs. ______min.______p.m.
〈土曜〉 午前 時 分 ～ 午後 時 分

2. Días de descanso
休園日

Domingos, días de asueto nacional, Año Nuevo y fín de año (del día ____ de ____ hasta el día ____ de ____), etc.
日曜日、国民の祝日、その他年末年始等 （ 月 日～ 月 日）

3. Cuotas de la guardería
保育料

Las cuotas se deben pagar mensualmente antes de que se venza el planzo límite.
保育料は毎月決められた日までに納入してください。

中国語
ポルトガル語
ベトナム語
タガログ語
英語
スペイン語

4. Vida diaria en la guardería

(1) Entrada y salida

a. Los padres deben hacerse responsables de llevar a sus niños a la guardería, así como de recogerlos.

b. En caso de que alguna otra persona vaya a llevar o a recoger al niño, avise a la guardería anticipadamente.

c. En caso de que el niño no pueda asistir, vaya a llegar tarde o lo vaya Ud. a recoger después del horario acostumbrado, avise a la guardería con anticipación.

d. En caso de que se emita un aviso oficial de alerta a causa de la posibilidad de un tifón, tormenta, inundación, nevada o terremoto antes de llevar al niño a la guardería, es mejor que el niño no asista durante ese día. En caso de que el aviso de alerta haya sido emitido después de la entrada del niño, le rogamos que lo venga a recoger lo más pronto posible.

(2) Alimentos (almuerzo)

La guardería proporciona a los niños menores de 3 años una comida principal, un platillo secundario y un refrigerio.

A los niños mayores de 3 años se les proporciona un platillo secundario y un refrigerio. La comida principal deben traerla preparada desde su casa (gaste mensualmente unos ________ yenes para la comida principal).

(3) Otros

a. En caso de que la familia se mude de domicilio, que alguno de los padres cambie de empleo o que el sitio de trabajo haya sido trasladado, denlo a conocer a la guardería.

b. Escriba el nombre de su hijo en toda su ropa y pertenencias.

c. Habitualmente, las guarderías llevan a cabo entrenamientos de evacuación en caso de desastre. También se verifica la estatura y el peso de los niños en forma periódica.

5. Control de la salud del niño

(1) Si su niño llegara a enfermarse, es mejor que no se presente en la guardería hasta que logre recuperarse.

(2) En caso de que su niño contraiga una enfermedad contagiosa, es mejor que no lo lleve a la guardería hasta que el médico lo autorice, ya que podría existir el riesgo de que transmitiera el padecimiento a los demás niños.

(3) En caso de que su hijo llegara a sentirse indispuesto durante su estancia en la guardería, le rogamos que pase a recogerlo lo más pronto posible.

(4) Por regla general, la guardería no asume la responsabilidad de administrar medicamentos a loa niños. (En caso de que sea absolutamente necesario que se le administren medicamentos al niño en la guardería, tiene Ud. que presentar un permiso escrito del médico a cargo. Informe sin falta a la guardería cuál es la dosificación de los medicamentos.)

(5) De ser posible, aplique a su niño las inmunizaciones estipuladas por las autoridades de sanidad.

(6) La guardería cuenta con los servicios de un médico encargado de practicar exámenes de salud periódicos a los niños.

日常生活

（1）登園・降園

a. 登降園は、保護者が責任をもってお子さんの送り迎えをしてください。

b. 送り迎えをする人を変更する場合には、前もって保育園に連絡をしてください。

c. 欠席の場合や登園・お迎えが遅くなる場合は、前もって保育園に連絡をしてください。

d. 登園前に暴風・大雨・洪水・大雪等の警報および地震の警戒宣言が発令された場合には、登園を見合わせてください。登園後に発令された場合には、できるだけ早くお迎えに来てください。

（2）給食（昼食）

3歳未満児には主食・副食とおやつを提供します。

3歳以上児には副食とおやつを提供します。主食はご家庭から持ってきてください。（主食代として毎月　　　円を納入してください。）

（3）その他

a. 保護者の勤務先や職業、住所が変わった場合には、保育園に届け出てください。

b. お子さんの衣服・持ち物には、名前をつけてください。

c. 保育園では、定期的に避難訓練や身体計測を行います。

健康管理

（1）お子さんが病気の時には欠席させ、なおってから登園させてください。

（2）お子さんが感染性の病気にかかった場合は、他の子どもに感染しますので、医師の登園許可が出るまで欠席させてください。

（3）保育中、お子さんの体のぐあいが悪くなった場合には、迎えに来ていただきます。

（4）保育園では、原則としてお子さんの薬はお預かりしません。（保育園に薬を預ける場合には、主治医の許可を得てください。薬の使用方法については、必ず保育園に知らせてください。）

（5）お子さんは、できるだけ決められた予防接種を受けるようにしてください。

（6）保育園では、定期的に、嘱託医による子どもの健康診断を行います。

6. Un día en la guardería
保育園の一日

Entrada a la guardería y verificación del estado de salud del niño
登園と健康チェック

Refrigerio matutino
午前のおやつ

Leche
授乳

Alimentos de la etapa de destete
離乳食

Zumo
果汁

Juegos y actividades varias
遊びや活動

Almuerzo
昼食

Leche
授乳

Alimentos de la etapa de destete
離乳食

Zumo
果汁

Siesta
おひるね

Refrigerio de la tarde
午後のおやつ

Leche
授乳

Alimentos de la etapa de destete
離乳食

Zumo
果汁

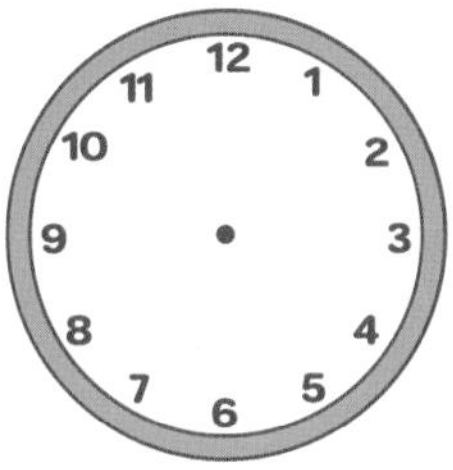

Actividades de la tarde
午後の活動

Verificación del estado de salud y regreso a casa
健康チェックと降園

7. Eventos de la guardería Principales eventos

保育園の行事 主な行事

Día de los niños

El 5 de mayo se conmemora el día de los niños adornando los hogares u otros sitios con "musha ningyo"(muñecos guerreros) y colgando al aire libre "koinobori" (banderolas de tela con la figura de una carpa multicolor) para celebrar el sano desarrollo de las criaturas. En este día los niños comen "kashiwamochi" (pasteles de arroz envueltos en hojas de roble) y juegan con sus amiguitos.

こどもの日

５月５日の子どもの日には、武者人形を飾ったり、鯉のぼりを立てたりして、子どもたちの元気な成長を祝います。また、かしわもちを食べたり、お友達と楽しく遊びます。

Excursiones

Son las visitas de grupo que realizan los niños a lugares fuera de la guardería. Las criaturas pasan un día divertido viendo los sitios donde se reune la gente o en contacto con la naturaleza, etc.

遠足

クラスのお友達や、他のクラスのお友達と園外保育に出かけます。社会見学をしたり自然に触れたりして、楽しい１日を過ごします。

Festival de Tanabata

Es el festival de las estrellas celebrado el 7 de julio, en el que las ramas de bambú son decoradas con tiras de papel de colores en las que están escritas las plegarias a los astros.

七夕まつり

７月７日に、短冊に願いごとをかき、笹につけてお星さまに願いをかけるおまつりです。

Festival de Verano

Para refrescarse del ardiente calor del verano, por la noche los niños y sus padres se divierten bailando "bonodori" y participando noche juegos.

夏まつり

暑い夏に夕涼みをかねて、親子で盆おどりをしたりゲームをして楽しみます。

Competencia Deportiva

En este día, los padres pueden ver a sus hijos ejecutando una serie de deportes, ejercicios y juegos que han estado practicando desde varios días antes. Le sugerimos que participe con toda la familia en este día de esparcimiento.

運動会

日ごろから親しんでいる体育遊びや表現遊びを発表したり、いろいろなゲームや運動をして遊びます。ご家族も参加して、楽しい１日を過ごしてください。

Fiesta de Navidad

La Navidad en la guardería no tiene ninguna relación con la religión. En este día los niños se divierten representando obras de teatro o haciendo otro tipo de actividades que han estado preparando expresamente para este día.

クリスマス会

保育園のクリスマスは、宗教的なものではありません。子どもたちが、今までとりくんだ劇などを発表したり、みんなで遊んだりします。

Día del equinoccio (setsubun)

El 3 de febrero se invoca la presencia de la felicidad por medio de un juego en el que se arrojan semillas a la calle mientras se canta "fukuwauchi, oniwasoto" (que se vaya el demonio y que venga la felicidad).

節分

２月３日に、「福は内・鬼は外」と言って豆をまき、幸福を願います。

Hina-matsuri (festival de las muñecas)

El 3 de marzo, para celebrar el sano desarrollo de los niños, todos se divierten adornando los hogares y otros lugares con muñecas "hina".

ひなまつり

３月３日に、ひな人形を飾り、子どもたちの元気な成長を祝って楽しく遊びます。

Otros eventos

その他

Fiesta de cumpleaños

Es un evento para celebrar el cumpleaños de los niños.

誕生会

子どもたちの誕生日を祝う行事です。

Exposición artísitica

Se exhiben las obras producidas por los niños.

作品展覧会

子どもたちが作った作品を展示します。

Mochitsuki (pasteles de arroz)

El Mochitsuki se celebra durante los últimos días del año y los primeros del Año Nuevo. Se coloca arroz cocido en un recipiente de madera llamado "usu" y se golpea con un martillo "kine" hasta que se forma una masa con la cual se elaboran los pastelillos de dicho cereal.

もちつき

お正月の前後に、もち米を蒸して、臼に入れ、杵でついて餅を作ります。

Además de los eventos arriba mencionados, hay otro tipo de actividades tales como: ceremonias de ingreso y de graduación, invitación a los padres a la guardería para que vean la forma en que son cuidados sus hijos, eventos para fomentar la relación entre los vecinos, sesiones informativas, etc.

Nota: Es probable que los eventos antes mencionados sean diferentes entre algunas regiones o guarderías.

　以上の他、入園・卒園を祝う会、保育参観、地域との交流会、生活発表会などがあります。

　これらの行事は、地域や保育園によって異なります。

2 シート・絵カード集

Hoja de encuesta sobre la entrada y salida de la guardería

登降園等調査票

スペイン語

Nombre del niño　児童氏名	Fecha de nacimiento　生年月日 año _______ mes _______ día _______ 年　月　日
Domicilio　住所	Teléfono　電話番号

	Padre　父	Madre　母
Nombre　氏名		
Lugar del trabajo　勤務先		
Dirección del trabajo　勤務先住所		
Teléfono del trabajo　勤務先電話番号 (FAX)（ファックス）	Extensión　内線	Extensión　内線
Ocupación　職業	□ Empleado permanente 本採用 □ Empleado temporal 臨時	□ Empleado permanente 本採用 □ Empleado temporal 臨時
Horario del trabajo　勤務時間	En días hábiles: :　～　: 平日 En sábado: :　～　: 土曜日 Dia de descanso: dia/semana 休日 曜日	En días hábiles: :　～　: 平日 En sábado: :　～　: 土曜日 Dia de descanso: dia/semana 休日 曜日
Tiempo necesario para llevar al niño a la guardería, así como para recogerlo 送迎所要時間	Desde la casa: ___ horas ___ minutos 自宅から 時間 分 Desde el trabajo: ___ horas ___ minutos 勤務先から 時間 分	Desde la casa: ___ horas ___ minutos 自宅から 時間 分 Desde el trabajo: ___ horas ___ minutos 勤務先から 時間 分

	Padre　父	Madre　母
¿Cómo lleva al niño y cómo lo recoge? 送迎方法	□ A pie 徒歩　□ En bicicleta 自転車 □ En automóvil 自動車　□ Otra その他	□ A pie 徒歩　□ En bicicleta 自転車 □ En automóvil 自動車　□ Otra その他

Aparte de los padres, ¿con qué otra persona es posible comunicarse?　両親以外の連絡先

Nombre　氏名 Teléfono　電話番号 (Fax)（ファックス）	Extensión　内線	Relación　関係 □ Familiar 家族　□ Pariente 親族 □ Compañero de trabajo 勤務先の人　□ Conocido 知人

Aparte de los padres, ¿hay alguna otra persona que lleve al niño a la guardería o lo recoja?　両親以外の送迎者

Persona que envía al niño　送る人 Teléfono　電話番号 (Fax)（ファックス）	Nombre　氏名 Extensión　内線	Relación　関係 □ Familiar 家族　□ Pariente 親族 □ Compañero de trabajo 勤務先の人　□ Conocido 知人
Persona que recoge al niñor　迎える人 Teléfono　電話番号 (Fax)（ファックス）	Nombre　氏名 Extensión　内線	Relación　関係 □ Familiar 家族　□ Pariente 親族 □ Compañero de trabajo 勤務先の人　□ Conocido 知人

Escriba o marque con una cruz en las casillas.
記入または□のなかに✓印をつけてください。

Hoja de encuesta sobre la situación en el hogar del niño

児童家庭調査票

スペイン語

Nombre del niño 児童氏名	Hombre □ 男	Mujer □ 女	Fecha de nacimiento 生年月日 año _____ 年 mes _____ 月 día _____ 日
Domicilio 住所	Teléfono 電話 ( )	Nombre del tutor 保護者氏名	Relación 続柄

Nombre de los familiares 家族氏名	Relación 続柄	Fecha de nacimiento 生年月日	Trabajo 職業	Teléfono del trabajo / escuela 勤務先・通学先電話番号	¿Habla japonés? 日本語の会話
Nombre del tutor 保護者氏名		año ___ 年 mes ___ 月 día ___ 日		( )	□ sí 可 □ no 否
		año ___ 年 mes ___ 月 día ___ 日		( )	□ sí 可 □ no 否
		año ___ 年 mes ___ 月 día ___ 日		( )	□ sí 可 □ no 否
		año ___ 年 mes ___ 月 día ___ 日		( )	□ sí 可 □ no 否
		año ___ 年 mes ___ 月 día ___ 日		( )	□ sí 可 □ no 否

Seguro de salud 健康保険証	□ Seguro Nacional de Salud 国民健康保険 Número 番号（ ）	□ Seguro Social 社会保険 Número 番号（ ）

Situación de la madre durante el embarazo 妊娠中の状態（母親）	Anormalidades durante el embarazo 妊娠中の主な異常 □ Intoxicación 妊娠中毒症　□ Anemia 貧血 □ Infección ( ) 感染症　□ Alguna otra anormalidad indicada por su médico (）その他医師から指摘された異常
	Costumbres durante el embarazo 妊娠中の生活 □ Fumaba ( ) cigarrillos/día 喫煙していた（ ）本／日 □ Bebía alcohol お酒をよく飲んでいた □ Trabajaba 働いていた
Situación de la madre durante el parto 出産の状態（母親）	País donde alumbró 出産した国 □ Japón 日本　□ Otro país ( ) 日本以外
	Período del embarazo 妊娠期間 ( ) semanas ( ) días antes/después de lo programado (）週（予定より 日 早い・遅い）
	Tipo de parto 出産方法 □ Normal 普通の方法　□ Pélvico (invertido) 骨盤位（逆子） □ Cesarea 帝王切開　□ Otra ( ) その他
Situación del niño durante el parto 出生時等の状態（子ども）	Estrutura física del recíen nacido 出生時の体格 Peso al nacer ( ) gr. 体重 g　Estatura ( ) cm. 身長 cm
	Anormalidades durante el parto 出生時の異常 □ Ninguna 無し　□ Síncope 仮死　□ Otra ( ) その他
	Anormalidades durante el período de recién nacido 新生児期の異常 □ Ictericia aguda 重症の黄疸　□ Lesión del sistema respiratorio 呼吸障害　□ Convulsiones けいれん □ Infección 感染症　□ Otra ( ) その他
Situación durante los primeros meses de nacido 生後の状態（子ども）	Crecimiento 発育状態 □ Normal 順調　□ Tardío あまりよくない

Escriba o marque con una cruz en las casillas.

記入または□のなかに✓印をつけてください。

Situación durante los primeros meses de nacido
生後の状態（子ども）

Desarrollo　発達状態
□ Asentamiento del cuello: (　　　) meses　首すわり　か月
□ Primeros pasos : (　　　) meses　独り歩き　か月
□ Primeras palabras: (　　　) meses　始語　か月
□ ¿Hay algun motivo de preocupación?: ______________________________　心配なこと

Alimentación antes del ingreso a la guardería / nutrición durante el período de lactancia
入園までの食生活及び栄養法―乳児期
□ Leche materna　母乳栄養　□ Leche materna y leche artificial　混合栄養　□ Leche artificia　人工栄養
Destete　離乳
Apartir de (　　　) meses　開始　か月　Fín del destete (　　　) meses　終了　か月
Progreso　進行状況　□ Normal　良い　□ Un poco lento　まあまあ　□ Problemático　困難

Alimentación antes del ingreso a la guardería /nutrición durante el período infantil
入園までの食生活及び栄養法―幼児期
Apetito　食欲
□ Bueno　良い　□ Malo　悪い
¿Hay alimentos que se niegue a comer?　好き嫌い
□ Sí (　　　　　　　　)　あり　□ No　無し

¿Hay alimentos que no pueda comer? (□ Por costumbre religiosa?　宗教上　□ Porque es alérgico?　アレルギー)
食べさせていないもの
□ Carne de res　牛肉　□ Carne de cerdo　豚肉　□ Carne de pollo　鶏肉
□ Pescado　魚　□ Huevo　鶏卵　□ Leche de vaca　牛乳
□ Otra (　　　　　　　　　　　　　　　　　　)　その他

Enfermedades de importancia hasta la fecha/período　これまでにかかった主な病気とその時期
□ Sarampión　______ años ______ meses　麻疹（はしか）　歳　か月
□ Varicela　______ años ______ meses　水痘（水ぼうそう）　歳　か月
□ Paperas　______ años ______ meses　流行性耳下腺炎（おたふくかぜ）　歳　か月
□ Rubeola　______ años ______ meses　風疹　歳　か月
□ Urticaria　______ años ______ meses　手足口病　歳　か月
□ Eritema infeccioso　______ años ______ meses　伝染性紅斑　歳　か月
□ Otra (　　　　　　　)　______ años ______ meses　その他　歳　か月

¿Ha tenido algún accidente que haya requerido tratamiento médico?　これまでの医療を要した事故傷害
□ Fractura　骨折　□ Quemadura　やけど　□ Herida　切り傷
□ Intoxicación　誤飲　□ Otra (　　　　　　)　その他

Constitución física　体質等
□ Padece eczema frecuentemente　湿疹ができやすい　□ Asmático　ぜん息
□ Otro tipo de de alergia y de medicina (　　　　　　　　　　)　薬その他のアレルギー疾患
□ Convulsiones (con fiebre/sin fiebre)　ひきつけ（熱あり・熱なし）
□ Temperatura promedio (　　　grados)　平熱（　　度）

¿Qué tipo de inmunizaciones ha recibido hasta ahora? (¿Cuándo las recibió?)
これまでに済ました予防接種とその時期（最後に受けた時期）
□ Tuberculosis　______ años ______ meses　BCG　歳　か月
□ Difteria　______ años ______ meses　ジフテリア　歳　か月
□ Coqueluche (tosferina)　______ años ______ meses　百日咳　歳　か月
□ Tetanos　______ años ______ meses　破傷風　歳　か月
□ Poliomielitis　______ años ______ meses　ポリオ　歳　か月
□ Rubéola　______ años ______ meses　風疹　歳　か月
□ Sarampión　______ años ______ meses　麻疹（はしか）　歳　か月
□ Paperas　______ años ______ meses　流行性耳下腺炎（おたふくかぜ）　歳　か月
□ Encefalitis japonesa　______ años ______ meses　日本脳炎　歳　か月
□ Influenza　______ años ______ meses　インフルエンザ　歳　か月
□ Neumococo pediátrico　______ años ______ meses　小児肺炎球菌　歳　か月
□ Hib　______ años ______ meses　ヒブ感染症　歳　か月
□ Hepatitis B　______ años ______ meses　B 型肝炎　歳　か月
□ Otra (　　　　　　　)　______ años ______ meses　その他　歳　か月

Institución médica donde atienden regularmente al niño
子どもがかかりつけの医療機関

Nombre del hospital o clínica　病院名・医院名

Dirección　所在地

Teléfono　電話番号　(　　　)
Fax　（ファックス）　(　　　)

スペイン語

Aviso de Modificaciones en el Horario de Entrada y Salida

送迎時間等連絡カード

Nombre del niño　児童氏名 ______

□ Cambio en el horario de entrada a la guardería:　登園する時間がかわります。

mes ______ día ______ hrs. ______ min. ______
月　日　時　分

□ Cambio en el horario de salida de la guardería:　迎えの時間がかわります。

mes ______ día ______ hrs. ______ min. ______
月　日　時　分

□ Lo llevará otra persona.　送って来る人がかわります。

□ Lo recogerá otra persona.　迎えに来る人がかわります。

Fecha: mes ______ día ______
いつ　月　日

Nombre:　氏名

□ Familiar cercano　家族　　□ Familiar lejano　親族

□ Compañero de trabajo　勤務先の人　　□ Conocido　知人

□ Cambio en la dirección del trabajo　勤務先がかわります。

□ Del padre　父　　□ De la madre　母

¿Desde que fecha?: mes ______ día ______
いつから　月　日

Nuevo trabajo　新しい勤務先

Dirección del nuevo trabajo　勤務先住所

Teléfono del nuevo trabajo　勤務先電話番号　　Ext.　内線
(Fax)　ファックス

Escriba o marque con una cruz en las casillas.
記入または□のなかに✓印をつけてください。

スペイン語

Aviso de Ausencia

欠席連絡カード

Nombre del niño　児童氏名 ______

□ El niño se ausentará por las siguientes razones:　次の理由で欠席します。

□ El niño se ausentó por las siguientes razones:　次の理由で欠席しました。

□ Fiebre　熱が出た　　□ Resfriado　かぜをひいた

□ Diarrea　下痢をした　　□ Dolor de estómago　お腹が痛い

□ Vómito　嘔吐した　　□ Convulsiones　ひきつけた

□ Erupciones cutáneas　発疹が出た　　□ Dolor de dientes　歯が痛い

□ Dolor de oidos　耳が痛い　　□ Ojos enrojecidos　目が赤い

□ Herida　けがをした　　□ Viaje de la familia　家族旅行

□ Compromiso de los padres　用事ができた　　□ Ausencia de trabajo　仕事が休み

Fecha de la ausencia: mes ______ día ______
欠席月日　月　日

Escriba o marque con una cruz en las casillas.
記入または□のなかに✓印をつけてください。

スペイン語

Aviso Sobre el Estado de Salud (Corporal)

健康状態連絡カード（身体の状態）

Nombre del niño　児童氏名 ______________________

Informe de la guardería sobre la siguiente situación:
保育園での様子をお知らせします。

Año _____ mes _____ día _____ hrs. _____
年　月　日　時

La temperatura corporal fue de _____ grados.　体温は（　　）度でした。

- ☐ Casi no ha tenido apetito　食欲はあまりありませんでした。
- ☐ Estuvo malhumorado y llorando　機嫌が悪く、ぐずってばかりいました。
- ☐ No durmió bien　よく眠りませんでした。
- ☐ Estuvo tosiendo　咳をしていました。
- ☐ Estuvo carraspeando　喘鳴（ぜーぜー・ひゅうひゅう）がありました。
- ☐ Le estuvo saliendo agua por la nariz　鼻汁が出ていました。
- ☐ Estuvo estornudando　くしゃみが出ていました。
- ☐ Tuvo vómito　嘔吐しました。
- ☐ Tuvo diarrea　下痢しました。
- ☐ Le estuvo doliendo el vientre　お腹が痛いようでした。
- ☐ Tuvo dolor de dientes　歯が痛いようでした。
- ☐ Tuvo dolor de oidos　耳が痛いようでした。
- ☐ Le estuvo saliendo liquido por los oidos　耳だれが出ていました。
- ☐ Se le enrojecieron los ojos　目が充血していました。
- ☐ Le salieron lagañas　目やにが出ていました。
- ☐ Tuvo erupciones cutaneas　発疹が出ていました。
- ☐ Le pico un insecto　虫にさされました。
- ☐ Se le supuró una herida　化膿していました。
- ☐ Tuvo convulsiones　ひきつけました。

スペイン語

Aviso Sobre el Estado de Salud (Traumatismo)

健康状態連絡カード（けが）

Nombre del niño　児童氏名 ______________________

El niño sufrió un accidente en la guardería.
保育園でけがをしたのでお知らせします。

Año _____ mes _____ día _____ hrs. _____
年　月　日　時

Herida:　傷害

☐ Cortadura　切傷	☐ Raspón　擦過傷（すり傷）	☐ Punzada　刺傷
☐ Contusión　打撲傷	☐ Desgarre　裂傷	☐ Fractura　骨折
☐ Torcedura　ねんざ	☐ Dislocación　脱臼	☐ Mordedura　咬傷（かみ傷）
☐ Que m adura　熱傷（やけど）	☐ Ingirió un objeto extraño　異物挿入	

Tratamiento:　処置

En la guardería:　（保育園で）

- ☐ Desinfección　消毒した
- ☐ Primeros auxilios　簡単な手当をした
- ☐ Enfriamiento　冷やした
- ☐ Lo hicimos dormir　寝かせておいた

En una institución médica:　（医療機関受診）

- ☐ No fue necesario tratamiento médico　手当を必要としなかった
- ☐ Desinfección　消毒した
- ☐ Examen de rayos X　レントゲン検査をした
- ☐ Enyesado　ギプスなどで固定した
- ☐ Le sacaron el objeto extraño　異物を除去した
- ☐ Suturación　縫合した
- ☐ Le pusieron compresas　湿布した
- ☐ Le recetaron medicinao　投薬した

Precauciones a partir de ahora:　これからの注意事項

- ☐ Puede asistir a la guardería　登園してよい。
- ☐ Si nota algo extraño, es mejor que lo lleve a una institución médica
  変わった症状が出現した時は、医療機関で受診してください。
- ☐ Llévelo mañana a una institución médica
  明日、医療機関で受診してください。
- ☐ Continúe dándole la medicina, en la forma recetado por el médico
  医師の指示を守って薬を使用してください。
- ☐ Es mejor que no asista a la guardería　保育園を欠席させてください。

中国語　ポルトガル語　ベトナム語　タガログ語　英語　スペイン語

Artículos que debe presentar el niño en la guardería
持ち物絵カード集

スペイン語

Bolso de la guardería 通園カバン 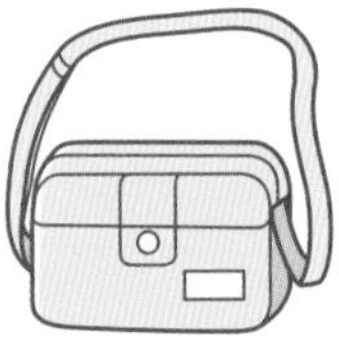	Bata corta スモック 	Camisa シャツ 	Camiseta T シャツ 	Calzoncillos パンツ 
Pantalones ズボン 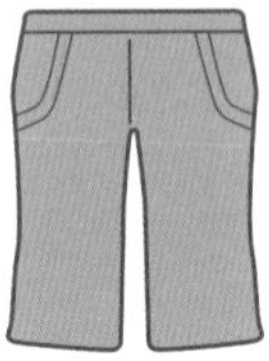	Pantalones cortos 半ズボン 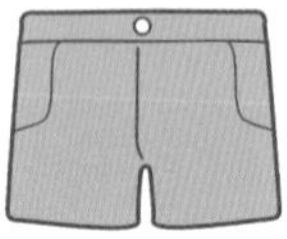	Chaleco ベスト 	Cazadora ジャンパー 	Pañuelo ハンカチ 
Papel de seda ポケットティッシュ 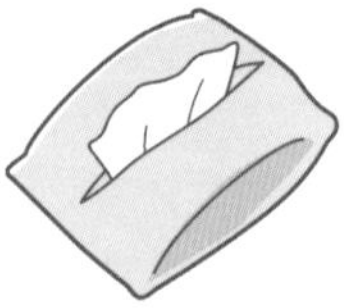	Papel de seda ティッシュペーパー （ボックスティッシュ） 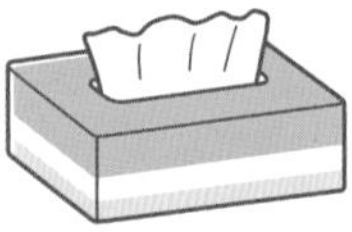	Servilleta ナフキン 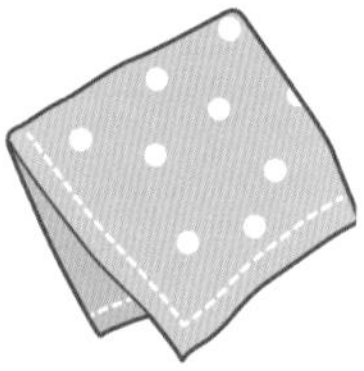	Palillos 箸 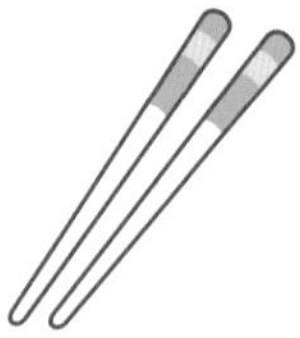	Estuche de los palillos 箸入れ 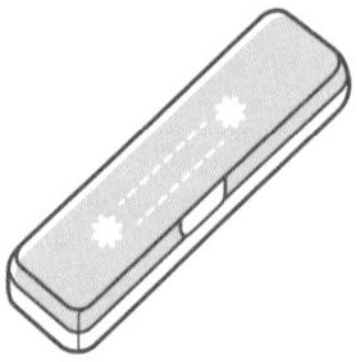
Cepillo de dientes 歯ブラシ 	Taza コップ 	Zapatos 靴 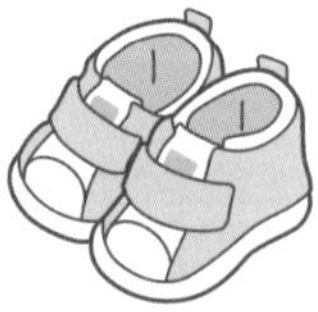	Zapatillas 上靴 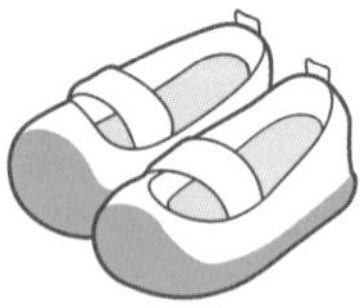	Bolsa de zapatos 靴入れ 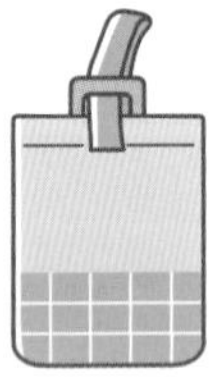
Bolsa de tela 布袋 	Bolsa del pijama パジャマ袋 	Pijama パジャマ 	Bañador 水着 	Gorro de nadar 水泳帽 

スペイン語

Bolsa de vinilo ビニール袋 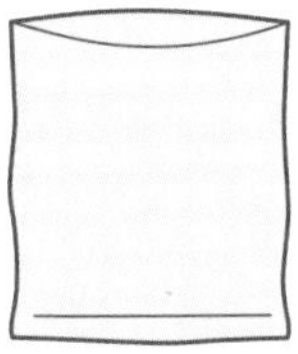	Toalla facial フェイスタオル 	Toalla de manos ハンドタオル 	Toalla de baño バスタオル 	Trapo 雑巾 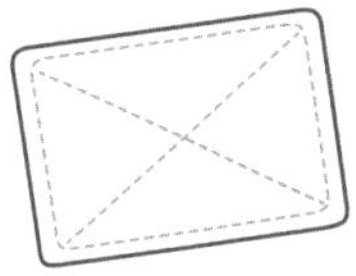
Bolsa de vinilo con asas 手さげビニール袋 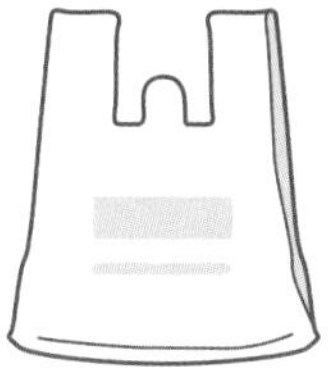	Paraguas 傘 	Impermeable レインコート（カッパ） 	Botas de goma 長靴 	Cantimplora (Agua,Té) 水筒（水またはお茶） 
Mochila リュックサック 	Futón (edredón) 掛布団 	Futón (colchones) (cama estilo japonés) 敷布団 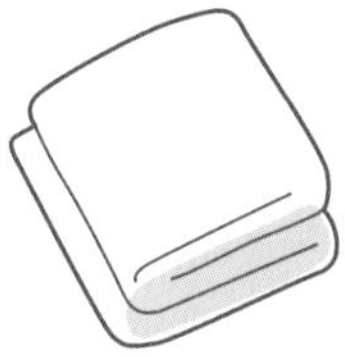	Sábana (inferior) シーツ 	Manta para bebé ベビー毛布 
Pañal おむつ 	Cubierta del pañal おむつカバー 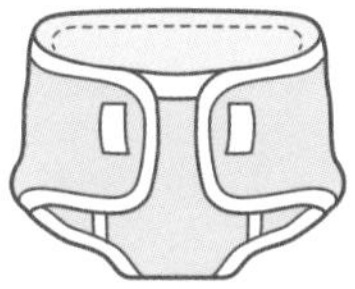	Delantal エプロン 	Delantal (Babero para comidas) エプロン（食事用よだれかけ） 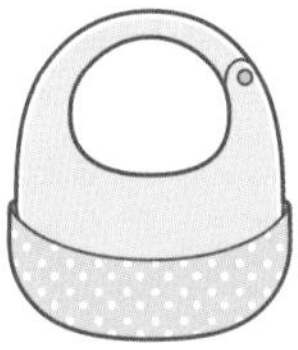	Calcetines くつ下 
Sombrero 帽子 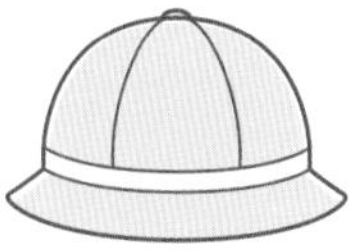	Merienda お弁当 			

第3章

保育の場で活用できる外国語例文・単語集

中国語編

（1）保護者に対して　对家长　ドイ ジャー ザン

①入園の時　人园时　ルー ユェン スー

◆私が園長の○○です。	我是园长○○。 ウォー ス ユェン ザン ○○
◆お子さんをお預かりできてうれしく思います。	我能为您照看孩子、很高兴。 ウォー ネン ウェイ ニン ザオ カン ハイ ズ、ヘン ガオ シン
◆あなたのお子さんの保育時間は、平日（土曜日）は○○時から○○時です。	您的孩子的保育时间、平时（星期六）是○○点到○○点。 ニン ダ ハイ ズ ダ バオ ユー スー ジェン、ピン スー（シン チー リュウ）スー ○○ ディエン ダオ ○○ ディエン
◆お子さんの入るクラスは○○です。	您的孩子所在的班是○○班。 ニン ダ ハイ ズ スオ ザイ ダ バン スー ○○ バン
◆担任は○○です。	班主任是○○。 バン ズウ レン スー ○○
◆送り迎えは保護者の方がしてください。	请家长前来接送孩子。 チン ジャー ザン チェン ライ ジェー ソン ハイ ズ
◆体質または宗教上の理由でお子さんが食べられないものがありますか？	孩子有没有由于体质或宗教的原因而不能吃的东西? ハイ ズ ヨウ メイ ヨウ ヨウ ユー ティー ズー フォー ゾン ジャオ ダ ユェン イン アー ブー ネン ツー ダ ドン シー
◆休む時、遅れる時は保育園に電話してください。	孩子休息或晚来时、请给保育园来电话联系。 ハイ ズ シュー シー フォー ワン ライ スー、チン ゲイ バオ ユー ユェン ライ ディエン ホア リェン　シー
◆地震のあとの火災の時は、○○に避難します。	地震后发生火灾时、请到○○避难。 ディー ゼン ホウ ファー セン フォー ザイ スー、チン ダオ ○○ ビー ナン
◆地震が起こった時は、安全な限り保育園内に留まります。	发生地震时、只要安全就留在保育园内。 ファー セン ディー ゼン スー、ズー ヤオ アン チュエン ジュウ リュウ ザイ バオ ユー ユェン ネイ
◆すべての持ち物に名前を書いてください。	请在所有携带物品上写上自己的名字。 チン ザイ スオ ヨウ シェー ダイ ウー ピン サン シェー サン ズー ジー ダ ミン ズ
◆お昼寝用の布団が必要です。	午睡时需要被褥。 ウー スゥエイ スー シュー イアオ ベイ ルー
◆今までかかった病気を教えてください。	请告诉我们您的孩子过去得过什么病? チン ガオ スー ウォー メン ニン ダ ハイ ズ グオ チュー ドー ゴ セン モ ビン
◆保護者以外の人がお迎えに来る時は連絡してください。	如果是家长以外的人来接孩子时、请和我们联系。 ルー ゴ スー ジャー ザン イー ワイ ダ レン ライ ジェー ハイ ズ スー、チン ホー　ウォー メン リェン シ
◆わからないことや心配なことがあったら相談してください。	如果有不清楚或担心的事、请提出来。 ルー ゴ ヨウ ブー チン ツ フォー ダン シン ダ スー、チン ティー ツー ライ

◆お子さんのことで心配なことがあったら教えてください。
如果对孩子有担心的事、请提出来。
ルー ゴ デイ ハイ ズ ヨウ ダン シン ダ スー、チン ティー ツー ライ

◆お子さんを何と呼んだらいいですか？
对孩子怎么称呼为好?
デイ ハイ ズ ゼン モ ツエン フー ウエイ ハオ

◆（乳児に対して）離乳食を食べさせていますか？
（对婴幼儿）让孩子吃离乳食品吗?
（デイ イン ヨウ アー）ラン ハイ ズ ツー リー ルー スー ピン マ

◆嫌いな食べ物はありますか？
孩子有没有不爱吃的东西？
ハイ ズ ヨウ メイ ヨウ ブ アイ ツー ダ ドン シー

◆登園は○時までにしてください。
请在○点以前来保育园。
チン ザイ ○ ディエン イー チェン ライ バオ ユー ユェン

◆書類に必要なことを記入してください。
请在文件上填上必要的事项。
チン ザイ ウエン ジェン サン ティエン サン ビー ヤオ ダ スー シァン

②登園時　来到保育园时　ライ ダオ バオ ユー ユェン スー

◆お子さんは元気ですか？
您的孩子好吗?
ニン ダ ハイ ズ ハオ マ

◆いってらっしゃい。
慢走啊!
マン ゾウ ア

◆お迎えの時間は何時ですか？
几点来接孩子？
ジー ディエン ライ ジェー ハイ ズ

◆○○を持ってきましたか？
带○○了吗？
ダイ ○○ ラ マ

◆今日のお迎えは誰ですか？
今天谁来接孩子?
ジン ティエン スエイ ライ ジェー ハイ ズ

◆○○時までにお迎えに来てください。
请○○点以前来接孩子。
チン ○○ ディエン イー チェン ライ ジェー ハイ ズ

◆朝、園に来たら○○の準備をしてください。
早上到园后请做好○○的准备。
ザオ サン ダオ ユエン ホウ チン ゾー ハオ ○○ ダ ゾン ベイ

◆お子さんは朝ごはんを食べましたか？
孩子吃早饭了吗?
ハイ ズ ツー ザオ ファン ラ マ

③降園時　离开保育园时　リー カイ バオ ユー ユェン スー

◆今日は元気に遊んでいました。
今天玩得挺好的。
ジン ティエン ワン ダ ティン ハオ ダ

◆明日は○○を行います。
明天要进行○○。
ミン ティエン ヤオ ジン シン ○○

◆お友達ができました。
交上了朋友。
ジャオ サン ラ ペン ヨウ

◆おかえりなさい。
你回来了。
ニー ホエイ ライ ラ

◆○○ができるようになりました。
会○○了。
ホエイ ○○ ラ

◆今日はあまり元気がありませんでした。
今点精神不太好。
ジン ティエン ジン セン ブー タイ ハオ

◆給食を全部食べました。
吃饭时饭菜全吃了。
ツー ファン スー ファン ツァイ チュエン ツー ラ

◆昼寝ではよく眠りました。
午睡睡得很好。
ウー スエイ スエイ ダ ヘン ハオ

◆昼寝をしませんでした。
没睡午觉。
メイ スエイ ウー ジャオ

◆今日は○○を持ち帰ってください。
今天请把○○带回去。
ジン ティエン チン バ ○○ ダイ ホエイ チュー

◆食欲がありませんでした。
今天没有食欲。
ジン ティエン メイ ヨウ スー ユー

◆今日はお散歩に行きました。
今天散步去了。
ジン ティエン サン ブ チュ ラ

◆お子さんの爪を切ってください。
请剪剪孩子的指甲。
チン ジェン ジェン ハイ ズ ダ ズー ジャ

◆お子さんが転んで傷をつくったので、手当てをしました。
孩子摔倒碰伤了、已经上药了。
ハイ ズ スワイ ダオ ペン サン ラ、イー ジン サン ヤオ ラ

④保健について　保健　バオ ジェン

〈入園時〉　入园时　ルー ユェン スー

◆現在、お子さんは健康ですか？
现在孩子健康吗?
シェン ザイ ハイ ズ ジェン カン マ

◆お子さんは○○という病気にかかったことはありますか？
孩子得过○○病吗?
ハイ ズ ドー ゴ ○○ ビン マ

◆お子さんは○○の予防接種を受けましたか？
孩子打过○○预防针吗？
ハイ ズ ドー ゴ ○○ ユー ファン ゼン マ

◆母子健康手帳は持っていますか？
带来母子健康手册了吗？
ダイ ライ ムー ズ ジェン カン ソウ ツオ ラ マ

◆かかりつけの病院を教えてください。
请告诉我们孩子常去的医院。
チン ガオ スウ ウオー メン ハイ ズ ツァン チュー ダ イー ユエン

◆お子さんは大きな病気やけがで入院したことはありますか？
孩子有没有因重病或受伤住过院？
ハイ ズ ヨウ メイ ヨウ イン ゾン ビン ホー ソウ サン ズウ ゴー ユエン

◆お子さんはアレルギーはありますか？
孩子有没有过敏现象？
ハイ ズ ヨウ メイ ヨウ ゴー ミン シェン シャン

◆お子さんは何か持病を持っていますか？
孩子有什么慢性病吗?
ハイ ズ ヨウ セン モ マン シン ビン マ

◆お子さんの平熱は何度ですか？
孩子平时体温多少度?
ハイ ズ ピン スー ティー ウェン ドウ サオ ドゥ

〈保育園で病気になったとき、けがをしたときの連絡〉

在保育园生病、受伤时的联系　ザイ バオ ユー ユエン セン ビン、ソウ サン スー ダ リェン シー

◆こちら○○保育園です。
这里是○○保育园。
ゾー リー ス ○○ バオ ユー ユエン

◆○○さんですか？
是○○吗?
スー ○○ マ

◆お子さんの具合が悪いです。	您孩子的身体情况不太好。 ニン ハイ ズ ダ セン ティー チン クァン ブー タイ ハオ
◆お子さんの熱が 37 度（38 度、39 度、40 度）あります。	孩子的体温是 37 度（38 度、39 度、40 度）左右。 ハイ ズ ダ ティー ウェン スー サン スー チー ドゥ（サン スー バー ドゥ、サン スー ジュウ ドゥ、シー ス ドゥ）ゾーヨウ
◆すぐお迎えに来てください。	请马上来接孩子。 チン マー サン ライ ジェー ハイ ズ
◆お子さんが○○をけがしました。	孩子○○受伤了。 ハイ ズ ○○ ソウ サン ラ
◆お子さんが○○が痛いと言っています。	孩子说○○疼。 ハイ ズ ソー ○○ テン
◆お子さんが○○を△針、縫いました。	孩子○○缝了△针。 ハイ ズ ○○ フォン ラ △ ゼン
◆お子さんが下痢を△回しています。	孩子腹泄了△次。 ハイ ズ フー シェ ラ △ ツー
◆お子さんが△回吐いています。	孩子吐了△次。 ハイ ズ トゥー ラ △ ツー
◆お子さんが骨折しました。	孩子骨折了。 ハイ ズ グゥー ゾー ラ
◆お子さんが脱臼しました。	孩子脱臼了。 ハイ ズ トー ジュウ ラ
◆お子さんが捻挫しました。	孩子扭伤了。 ハイ ズ ニュー サン ラ
◆お子さんに発疹ができています。	孩子发疹子了。 ハイ ズ ファー ゼン ズ ラ
◆お子さんに目やにが出ています。	孩子出眼眵了。 ハイ ズ ツウ イエン ツー ラ
◆お子さんに耳だれが出ています。	孩子害耳漏。 ハイ ズ ハイ アー ロウ
◆お子さんがひきつけを起こしました。	孩子痉挛了。 ハイ ズ ジン ワン ラ
◆お子さんの目が赤くなっています。	孩子眼睛红了。 ハイ ズ イエン ジン ホン ラ
◆医者に診てもらってください。	请到医院就诊。 チン ダオ イー ユエン ジュウ ゼン
◆お子さんは○○病院で手当てを受けました。	孩子在○○医院接受了治疗。 ハイ ズ ザイ ○○ イー ユエン ジェー ソウ ラ ズー リャオ
◆医者に、お子さんは○○という病気だと言われました。	医生说孩子是○○病。 イー セン ソー ハイ ズ スー ○○ ビン
◆お子さんの体調がよくありません。	孩子的身体不好。 ハイ ズ ダ セン ティー ブー ハオ
◆健康保険証を持っていますか？	带健康保险证了吗。 ダイ ジェン カン バオ シェン ゼン ラ マ

からだの部位　身体部位　センテイプーウェイ

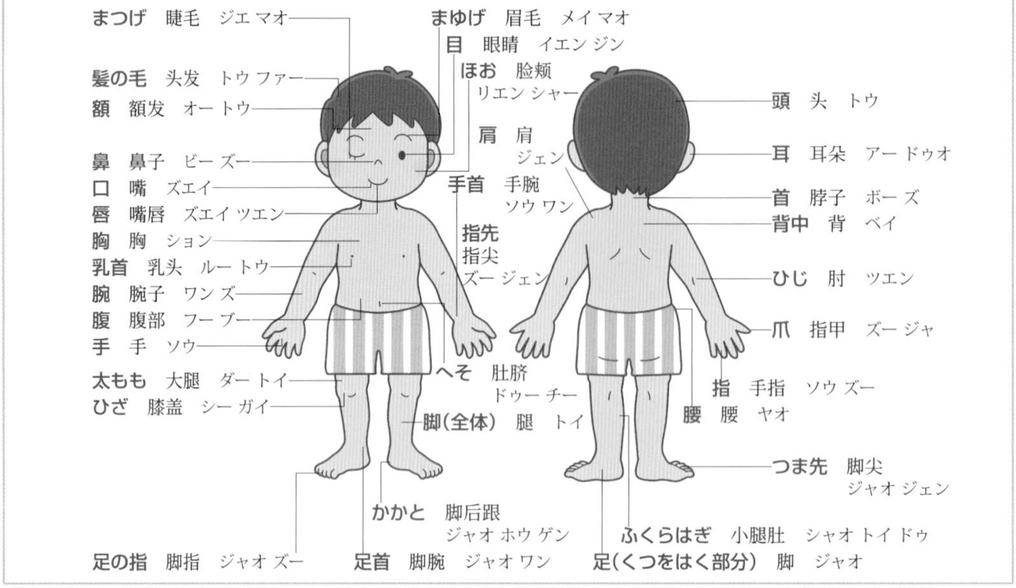

◆健康保険証を病院に提出してください。　请向医院提出健康保险证
チン シャン イー ユエン ティー ツウ ジェン カン バオ シェン ゼン

◆お大事に。　请多保重。
チン ドウ バオ ゾン

〈病気の後で登園した時〉　病愈后上保育园时　ビン ユー ホウ サン バオ ユー ユェン スー

◆お子さんの熱は下がりましたか？　孩子的烧退了吗。
ハイ ズ ダ サオ トイ ラ マ

◆薬はなるべく家で飲ませてください。　尽可能在家里吃药。
ジン コー ネン ザイ ジャー リー ツー ヤオ

◆お子さんは食欲はありますか？　孩子有食欲吗。
ハイ ズ ヨウ スー ユー マ

◆医者は登園してもよいと言っていましたか？　医生说可以保育园了吗。
イー セン ソー コー イー サン バオ ユー イエン ラ マ

◆○○という病気にかかった場合は、医者の登園許可書を提出してください。　如果是○○病、请提出医生的“登园许可书”。
ルー ゴー スー ○○ ビン、チン ティー ツー イー セン ダ「デン ユエン シュー コー スウ」

◆お子さんの傷は治りましたか？　孩子的伤治好了吗。
ハイ ズ ダ サン ズー ハオ ラ マ

◆薬の容器にお子さんの名前と飲む時間を書いておいてください。　请在药瓶（药包）上写明儿童姓名和吃药时间。
チン ザイ ヤオ ピン（ヤオ バオ）サン シェー ミン アー トン シン ミン ホー ツー ヤオ スー ジェン

◆お子さんは元気になりましたか？　孩子全好了吗。
ハイ ズ チュエン ハオ ラ マ

◆お子さんの病気／けがが治ってよかったですね。　孩子的病／伤好了、太好了。
ハイ ズ ダ ビン／サン ハオ ラ、タイ ハオラ

(2) 子どもに対して　対孩子　ドイ ハイ ズ

①登園時　来到保育园时　ライ ダオ バオ ユー ユェン スー

◆出席シールをはりましょう。	贴附出席标志。 ティエー フー ツウ シー ビャオ ズ
◆靴は靴箱に入れましょう。	把拖鞋放在鞋箱里。 バー トー シェー ファン ザイ シェー シャン リ
◆持ち物はロッカーに入れましょう。	把带的东西放在存物箱里。 バー ダイ ダ ドン シー ファン ザイ ツウェン ウー シャン リ
◆タオルやおたより帳はここに置きましょう。	把毛巾和通信本放在这里。 バー マオ ジン ホー トン シン ベン ファン ザイ ゾー リ
◆友達と一緒に遊びましょう。	和朋友们一起玩吧！ ホー ペン ヨウ メン イー チー ワー バ
◆気持ちが悪くなったら教えてね。	哪儿不舒服时、告诉我。 ナー ブー スゥー フー スー、ガオ スウ ウォー
◆泣かないでね。	不要哭。 ブー ヤオ クー
◆連絡ノートはここに入れましょう。	联络本放在这里吧！ リェン ロー ベン ファン ザイ ゾー リ バ

②遊び　玩要　ワー スァー

◆片付けをしましょう。	收拾一下吧！ ソウー スウー イー シャー バ
◆外に出て遊びましょう。	到外面玩吧！ ダオ ワイ ミェン ワー バ
◆お部屋で遊びましょう。	在屋里玩吧！ ザイ ウー リ ワー バ
◆お部屋に入りましょう。	进屋里！ ジン ウー リ
◆手をつなぎましょう。	拉手吧！ ラ ソウ バ
◆車が走ってきたら止まりましょう。	车开过来时、就站住。 ツオー カイ ゴー ライ スー、ジュウ ザン ズウ
◆こっちにおいで。	你过来！ ニー ゴー ライ
◆靴をはきかえましょう。	换鞋吧！ ホアン シェー バ
◆仲直りしましょうね。	和好吧！ ホー ハオ バ
◆えらいね。	真棒！ ゼン バン
◆よくできました。	做得好！ ゾウ ダ ハオ
◆とっても上手ね。	很好下。 ヘン ハオ シャー

◆先生のお話をよく聞いてね。　听老师的话。
ティン ラオ スー ダ ホア

◆一緒にやってみましょう。　一起来吧！
イー チー ライ バ

◆もう一度しましょう。　再来一次吧！
ザイ ライ イー ツー バ

◆○○を作りましょう。　做○○吧！
ゾ ○○ バ

◆私が言ったことがわかりますか？　我说的话、你明白了吗?
ウォー スオー ダ ホア、ニー ミン バイ ラ マ

◆約束しましょう。　那就说定了！
ナー ジュウ スオー ディン ラ

◆ちょっと待ってね。　等一会儿。
デン イー ホエ

◆お絵描き(ねんど)をしましょう。　画画（玩粘土）吧！
ホア ホア（ワー ニェン トゥー）バ

◆砂場で遊びましょう。　在沙坑玩吧！
ザイ サー ケン ワー バ

◆砂をはらいましょう。　掸掉沙子吧！
ダン ディアオ サー ズ バ

◆危ない。　危险!
ウェイ シェン

◆してはいけません。　不能这样!
ブー ネン ゼー ヤン

◆△△は日本語で○○といいます。　△△用日语说是○○。
△△ ヨン ルー ユ ソー スー ○○

◆△△は○○語で何というのですか？　△△用○○语怎么说?
△△ ヨン ○○ ユー ゼン モ ソー

③食事　用餐　ユン ツァン

◆いただきます。　我吃饭了。
ウオー ツー ファン ラ

◆ごちそうさま。　谢谢。
シェー シェ

◆おなかがすきましたか？　饿了吗?
オー ラ マ

◆食事の時間ですよ。　是吃饭时间了。
スー ツー ファン スー ジェン ラ

◆食事の前に手を洗いましょう。　吃饭前要洗手。
ツー ファン チェン ヤオ シー ソウ

◆手をふこうね。　擦擦手！
ツァー ツァー ソウ

◆お茶を飲みましょう。　喝茶吧！
ホー チャ バ

◆よくかんで食べましょう。	要细嚼慢咽。 ヤオ シー ジャオ マン イエン
◆食べられないものがあったら教えてください。	如有不能吃的东西、请告诉我。 ルー ヨウ ブー ネン ツー ダ ドン シー、チン ガオ スウ　ウオ
◆口のまわりをきれいにふきましょう。	把嘴边擦干净！ バー ズエイ ビェン ツァー ガン ジン
◆よく食べたね。	吃了不少。 ツー ラ ブー サオ
◆うがいをしましょう。	漱漱口吧！ スウ スウ コウ バ
◆歯磨きをしましょうね。	刷牙吧！ スワー ヤー バ
◆片付けたら遊んでいいですよ。	收拾完了还可以玩儿。 ソウ スー ワン ラ ハイ コー イ ワー
◆おやつの時間ですよ。	现在是吃点心的时间。 シェン ザイ スー ツー ディエン シン ダ スー ジェン

④休憩・昼寝　休息、午睡　シューシ、ウー スウェイ

◆お昼寝の時間ですよ。	到睡午觉的时间了。 ダオ スウェイ ウー ジャオ ダ スー ジェン ラ
◆服を着替えましょう。	换衣服吧！ ホアン イー フ バ
◆静かにしましょう。	安静了！ アン ジン ラ
◆ふとんを敷きましょう。	铺被子吧！ プー ベイ ズ バ
◆ふとんを片付けましょう。	把被褥收起来吧！ バー ベイ ルー ソウ チー ライ バ
◆目が覚めたかな。	醒了吗? シン ラ マ
◆着替えをたたみましょう。	把睡衣叠好吧！ バー スウェイ イー ディエ ハオ バ

ダウンロードサービス（p.151 参照。本に載っていない下記の例文・単語集をダウンロードできます）

中国語例文

（1）保護者に対して　●行事について　●健診等

（2）子どもに対して　●保健〈保育者の問いかけ〉〈子どもが訴える症状〉　●降園時

中国語単語集

あいさつ／質問／家族／人間関係／設備、教材／子どもの動作／行事／時間／数字／病気・けが・症状／歯／医療／天候／色／自然・環境／動物／虫／植物／遊具・教材／記号・かたち／食品／食器　ほか

第3章

保育の場で活用できる外国語例文・単語集

ポルトガル語編

(1) 保護者に対して

Diálogos com os pais e responsáveis
ヂアーロゴス コン オス パイス エ レスポンサーヴェイス

①入園の時 No dia da matrícula ノ ヂア ダ マトリックラ

◆私が園長の○○です。

O meu nome é ○○ e sou o (a) diretor (a) da creche.
オ メウ ノメ エ ○○ エ ソウ **オ (ア) ヂレトール (ラ)** ダ クレッシェ

◆お子さんをお預かりできてうれしく思います。

É um grande prezer cuidar do seu filho (da sua filha).
エ ウン グランヂ プラゼル クイダル**ド セウ フィリョ (ダ スア フィリャ)**

◆お子さんの入るクラスは○○です。

O seu filha (a sua filha) entrará na classe ○○.
オ セウ フィリョ (ア スア フィリャ) エントララー ナ クラッセ ○○

◆担任は○○です。

O nome da professora encarregada é ○○.
オ ノメ ダ プロフェソーラ エンカヘガダ エー ○○

◆送り迎えは保護者の方がしてください。

Durante o caminho de ida e volta entre o lar e a creche, a criança deverá estar acompanhada pelos pais.
ドウランテ オ カミンホ ヂ イダ エ ヴォルタ エントレ オ ラール エ ア クレッシェ、ア クリアンサ デヴェラー エスタル アコンパニャダ ペロス パイス

◆体質または宗教上の理由でお子さんが食べられないものがありますか？

Há alguma comida que a criança não possa comer por restrição médica ou religiosa?
アー アウグマ コミダ ケ ア クリアンサ ノン ポッサ コメル ポール レストリソン メヂカ オウ レリヂオザ？

◆休む時、遅れる時は保育園に電話してください。

Em caso de ausência ou atraso, pedimos a gentileza de avisar a creche.
エン カゾ ヂ アウゼンシア オウ アトラゾ、ペヂモス ア ジェンチレザ ヂ アヴィサル ア クレッシェ

◆地震のあとの火災の時は、○○に避難します。

Em caso de incêndio após o terremoto, nos refugiaremos no(na) ○○.
エン カゾ ヂ インセンヂオ アポース オ テヘモト、ノス レフジアレモス **ノ (ナ)** ○○

◆地震が起こった時は、安全な限り保育園内に留まります。

Em caso de terremoto, desde que não haja perigo, permaneceremos na creche.
エン カゾ ヂ テヘモト、デスデ ケ ノン アジャ ペリゴ、ペルマネセレモス ナ クレッシェ

◆すべての持ち物に名前を書いてください。

Escreva o nome em todos os pertences da criança.
エスクレヴァ オ ノメ エン トドス オス ペルテンセス ダ クリアンサ

◆お昼寝用の布団が必要です。

É preciso providenciar o acolchoado (shiki-buton) e o edredon (kake-buton) para sesta após o almoço.
エー プレシーゾ プロヴィデンシアル オ アコウショアド エ オ エドレドン パラ セスタ アポース オ アウモーソ

◆今までかかった病気を教えてください。

Poderia nos informar se a criança teve alguma enfermidade no passado?
ポデリーア ノス インフォルマル セ ア クリアンサ テヴェ アウグマ エンフェルミダデ ノ パサド？

◆保護者以外の人がお迎えに来る時は連絡してください。
Pedimos que nos avise quando uma outra pessoa, além dos pais, vier buscar a criança.
ペヂモス ケ ノス アヴィゼ クアンド ウマ オウトラ ペソア、アレン ドス パイス、ヴィエル ブスカル ア クリアンサ

◆わからないことや心配なことがあったら相談してください。
Consulte-nos quando tiver qualquer dúvida ou preocupação.
コンスルテノス クアンド チヴェル クアウケール ドウヴィダ オウ プレオクパソン

◆お子さんを何と呼んだらいいですか？
Como poderei chamá -lo?
コモ ポデレイ シャマーロ？

◆（乳児に対して）離乳食を食べさせていますか？
Alimenta-se no regime de desmama (para lactente)?
アリメンタセ ノ レジメ ヂ デズママ（パラ ラクテンテ）？

◆嫌いな食べ物はありますか？
Há alguma comida que não goste?
アー アウグマ コミーダ ケ ノン ゴステ？

◆登園は○時までにしてください。
Favor trazer a criança até às ○ horas.
ファヴォル トラゼール ア クリアンサ アテー アース ○ オラス

◆書類に必要なことを記入してください。
Preencha os ítens necessários no documento.
プレエンシャ オス イテンス ネセサーリオス ノ ドクメント

②登園時　Chegando à creche　シェガンド アー クレッシェ

◆お子さんは元気ですか？
A criança está bem de saúde?
ア クリアンサ エスター ベン ヂ サウヂ？

◆いってらっしゃい。
Até logo!
アテー ロゴ！

◆お迎えの時間は何時ですか？
A que hora virá buscar a criança?
ア ケ オラ ヴィラー ブスカル ア クリアンサ？

◆○○を持ってきましたか？
Trouxe o (a) ○○?
トロウセ **オ（ア）**○○？

◆今日のお迎えは誰ですか？
Quem virá hoje buscar a criança?
ケン ヴィラー オジェ ブスカル ア クリアンサ？

◆○○時までにお迎えに来てください。
Por favor, venha buscar a criança até às ○○ horas.
ポル ファヴォール、ヴェニャ ブルカル ア クリアンサ アテ アス ○○ ホラス

◆朝、園に来たら○○の準備をしてください。
Ao chegar à creche de manhã, favor preparar o (a) ○○.
アオ シェガル アー クレッシェ ヂ マニャン、ファヴォール プレパラル **オ（ア）**○○

◆お子さんは朝ごはんを食べましたか？
A criança tomou o desjejum esta manhã?
ア クリアンサ トモウ オ デスジェジュン エスタ マニャン？

③降園時　Saída da creche　サイーダ ダ クレッシェ

◆今日は元気に遊んでいました。
Hoje brincou saudavelmente.
オジェ ブリンコウ サウダーヴェウメンテ

◆明日は○○を行います。
Hoje vamos fazer o (a) ○○.
オジェ ヴァモス ファゼール **オ（ア）**○○

◆お友達ができました。
Conseguiu arrumar um amigo (uma amiga).
コンセギウ アフマル **ウン アミゴ（ウマ マミガ）**

注：ポルトガル語は、相手が男性か女性か、あるいは次に来る単語が男性名詞か女性名詞かによって前置詞や語尾が変化するので、その部分は**太字**で表示しました。女性の場合は（　）内の言い方になります。（例）**オ（ア）ヂレトール（ラ）**→相手が男性の時はオ　ヂレトール、女性の時はア　ヂレトーラ。

◆おかえりなさい。
Bom retorno.
ボン レトルノ

◆○○ができるようになりました。
Conseguiu fazer ○○.
コンセギウ ファゼール ○○

◆今日はあまり元気がありませんでした。
Hoje o seu filho (a sua filha) estava um pouco desanimado (a).
オジェ オ セウ フィリョ（ア スア フィリャ）エスタヴァ ウン ポウコ デザニマド（ダ）

◆給食を全部食べました。
Comeu todo o lanche.
コメウ トド オ ランシェ

◆昼寝ではよく眠りました。
Dormiu profundamente na sesta após o almoço.
ドルミウ プロフンダメンテ ナ セスタ アポース オ アウモソ

◆昼寝をしませんでした。
Não dormiu bem.
ノン ドルミウ ベン

◆今日は○○を持ち帰ってください。
Favor levar o (a) ○○ de volta.
ファヴォール レヴァル オ（ア）○○ ヂ ヴォウタ

◆食欲がありませんでした。
Não teve muito apetite.
ノン テヴェ ムイト アペチテ

◆今日はお散歩に行きました。
Hoje foi passear.
オジェ フォイ パッセアル

◆お子さんの爪を切ってください。
Por favor, corte as unhas da criança.
ポル ファヴォール、コルテ アス ウニャス ダ クリアンサ

◆お子さんが転んで傷をつくったので、手当てをしました。
A criança se machucou ao cair, e fizemos um curativo.
ア クリアンサ セ マシュコウ アオ カイル、エ フィゼモス ウン クラチヴォ

④保健について　Referente à Saúde　レフェレンテ アー サウヂ

〈入園時〉 No dia da matrícula　ノ ヂア ダ マトリックラ

◆現在、お子さんは健康ですか？
Atualmente, está a criança com boa saúde?
アトウアウメンテ、エスター ア クリアンサ コン ボア サウヂ？

◆お子さんは○○という病気にかかったことはありますか？
A criança teve antecedentes da enfermindade ○○?
ア クリアンサ テヴェ アンテセデンテス ダ エンフェルミダヂ ○○？

◆お子さんは○○の予防接種を受けましたか？
A criança já tomou vacina de ○○?
ア クリアンサ ジャ トモウ ヴァシナ ヂ ○○？

◆母子健康手帳は持っていますか？
É portadora da Caderneta de Saúde de Mãe e Filho?
エー ポルタドラ ダ カデルネッタ ヂ サウデ ヂ マンイ エ フィリョ？

◆かかりつけの病院を教えてください。
Podería dizer-me o nome da clínica que acostuma levar a criança?
ポデリーア ヂゼルメ オ ノメ ダ クリニカ ケ アコストウマ レヴァル ア クリアンサ？

◆お子さんは大きな病気やけがで入院したことはありますか？
Esteve alguma vez internada no hospital por doença grave ou ferimento?
エステヴェ アウグマ ヴェズ インテルナダ ノ オスピタウ ポル ドエンサ グラヴェ オウ フェリメント？

◆お子さんはアレルギーはありますか？
A criança sofre de alergia?
ア クリアンサ ソフレ ヂ アレルジア？

◆お子さんは何か持病を持っていますか？
A criança sofre de alguma doença crônica?
ア クリアンサ ソフレ ヂ アウグマ ドエンサ クロニカ？

◆お子さんの平熱は何度ですか？
Qual é a temperatura corporal normal da criança?
クアウ エー ア テンペラトウラ コルポラウ ノルマウ ダ クリアンサ？

〈保育園で病気になった時、けがをした時の連絡〉
Maneira de comunicação em caso de doença ou ferimento na creche
マネイラ ヂ コムニカソン エン カゾ ヂ ドエンサ オウ フェリメント ナ クレッシェ

◆こちら○○保育園です。
É uma chamada da creche ○○.
エー ウマ シャマダ ダ クレッシェ ○○

◆○○さんですか？
Poderia falar com o Sr. (a Sra.) ○○?
ポデリーア ファラル コン **オ セニョル（ア セニョラ）** ○○？

◆お子さんの具合が悪いです。
O seu filho (a sua filha) se sente mal.
オ セウ フィリョ（ア スア フィリャ） セ センテ マウ

◆お子さんの熱が 37 度（38 度、39 度、40 度）あります。
O seu filho (a sua filha) está com febre de 37 (38,39,40) graus.
オ セウ フィリョ（ア スア フィリャ） エスター コン フェブレ ヂ トリンタ エ セテ（トリエンタ エ オイト、トリンタ エ ノヴェ、クアレンタ）グラウス

◆すぐお迎えに来てください。
Poderia vir imediatamente buscar a criança?
ポデリーア ヴィル イメヂアタメンテ ブスカル ア クリアンサ？

◆お子さんが○○をけがしました。
O seu filho (a sua filha) machucou o (a) ○○.
オ セウ フィリョ（ア スア フィリャ） マシュコウ **オ（ア）** ○○

◆お子さんが○○が痛いと言っています。
O seu filho (a sua filha) diz que está doendo o (a) ○○.
オ セウ フィリョ（ア スア フィリャ） ヂス ケ エスター ドエント **オ（ア）** ○○

◆お子さんが○○を△針、縫いました。
O seu filho (a sua filha) teve que levar △ pontos no (na) ○○.
オ セウ フィリョ（ア スア フィリャ） テヴェ ケ レヴァル △ ポントス **ノ（ナ）** ○○

◆お子さんが下痢を△回しています。
O seu filho (a sua filha) está com diarréia e foi △ vezes à toalete.
オ セウ フィリョ（ア スア フィリャ） エスター コン ヂアヘイア エ フォイ △ ヴェゼス アー トアレテ

◆お子さんが△回吐いています。
O seu filho (a sua filha) vomitou △ vezes.
オ セウ フィリョ（ア スア フィリャ） ヴォミトウ △ ヴェゼス

◆お子さんが骨折／脱臼しました。
O seu filho (a sua filha) se fraturou/sofreu destroncamento.
オ セウ フィリョ（ア スア フィリャ） セ フラトウロウ／ソフレウ デストロンカメント

◆お子さんが捻挫しました。
O seu filho (a sua filha) sofreu distensão muscular.
オ セウ フィリョ（ア スア フィリャ） ソフレウ ヂステンソン ムスクラル

◆お子さんに発疹ができています。
O seu filho (a sua filha) está com erupção (exantema).
オ セウ フィリョ（ア スア フィリャ） エスター コン エルピソン（エザンテマ）

◆お子さんに目やに／耳だれが出ています。
O seu filho (a sua filha) tem olhos remelosos/otorréia(fluxo pelp ouvido).
オ セウ フィリョ（ア スア フィリャ） テン オリョス レモロゾス／オトヘイア（フルックソ ペロ オウヴィド）

◆お子さんがひきつけを起こしました。
O seu filho (a sua filha) teve convulsão.
オ セウ フィリョ（ア スア フィリャ） テヴェ コンヴウソン

◆お子さんの目が赤くなっています。
O seu filho (a sua filha) está com as vistas congestionadas.
オ セウ フィリョ（ア スア フィリャ） エスター コン アス ヴィスタス コンジェスチオナダス

からだの部位　Partes do corpo humano　パルテス ド コルポ ウマノ

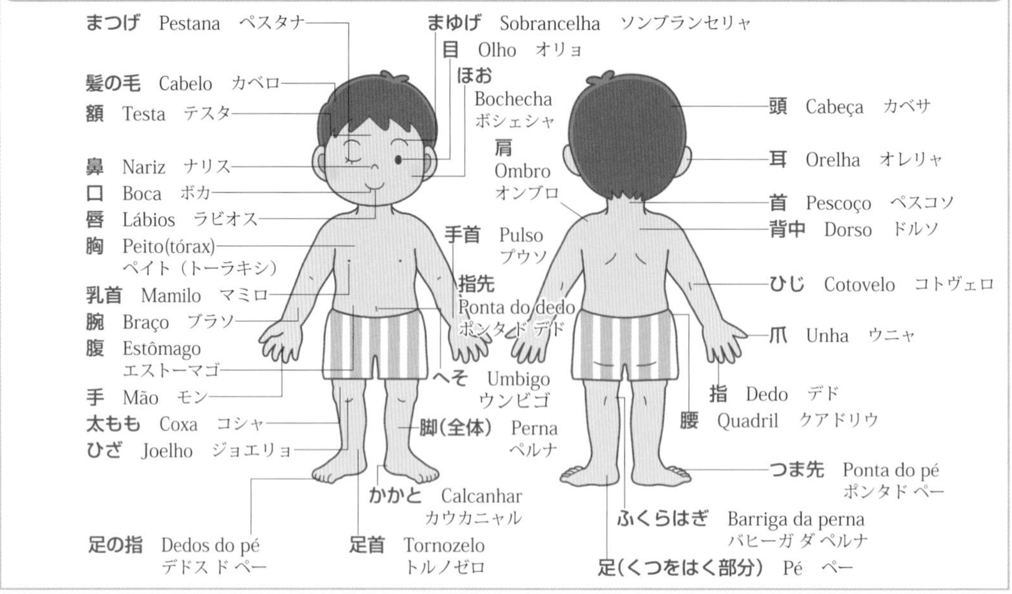

◆医者に診てもらってください。
É preciso fazer uma consulta médica.
エー プレシゾ ファゼル ウマ コンスウタ メヂカ

◆お子さんは○○病院で手当てを受けました。
O seu filho (a sua filha) foi atendido (a) no Hospital ○○.
オ セウ フィリョ（**ア スア フィリャ**）フォイ アテンヂ**ド**（**ア**）ノ オスピタル○○

◆医者に、お子さんは○○という病気だと言われました。
O seu filho (a sua filha) foi diagnosticado (a) com ○○.
オ セウ フィリョ（**ア スア フィリャ**）フォイ ヂアギノスチカ**ド**（**ダ**）コモ○○

◆お子さんの体調がよくありません。
A condição física do seu filho (da sua filha) não está boa.
ア コンヂソン フィズィカ **ド セウ フィリョ**（**ダ スア フィリャ**）ノン エスター ボア

◆健康保険証を持っていますか？
Está filiado no seguro de saúde?
エスター フィリアド ノ セグル ヂ サウヂ？

◆健康保険証を病院に提出してください。
Apresente ao hospital a sua Carteria do Seguro de Saúde.
アプレゼンテ アオ オスピタル ア スア カルテイラ ド セグロ ヂ サウヂ

◆お大事に。
Estimo melhora.
エスチモ メリョラ

〈病気の後で登園した時〉 Ao comparecer à creche após uma doença
アオ コンパレセル アー クレッシェ アポース ウマ ドエンサ

◆お子さんの熱は下がりましたか？
Baixou a temperatura corporal do seu filho (da sua filha)?
バイショウ ア テンペラトウラ コルポラル **ド セウ フィリョ**（**ダ スア フィリャ**）？

◆薬はなるべく家で飲ませてください。
Se possível, recomendaria que a criança tomasse o remédio em casa.
セ ポシーヴェウ、レコメンダリーア ケ ア クリアンサ トマセ オ レメヂオ エン カーザ

◆お子さんは食欲はありますか？
O seu filho (a sua filha) tem apetite?
オ セウ フィリョ（**ア スア フィリャ**）テン アペチテ？

◆医者は登園してもよいと言っていましたか？
O comparecimento à creche foi autorizado pelo médico?
オ コンパレシメント アー クレッシェ フォイ アウトリザド ペロ メヂコ？

◆○○という病気にかかった場合は、医者の登園許可書を提出してください。
É necessário apresentar a Autorização Médica de Comparecimento à creche, quando a criança for diagnosticada como portadora da enfermidade ○○.
エー ネセサーリオ アプレゼンタル ア アウトリザソン メヂカ ヂ コンパレシメント アー クレッシェ、クアンド ア クリアンサ フォル ヂアギノスチカダ コモ ポリタドラ ダ エンフェルミダヂ ○○

◆お子さんの傷は治りましたか？
O seu filho (a sua filha) está curado (a) do ferimento?
オ セウ フィリョ（ア スア フィリャ）エスター クラド（ダ）ド フェリメント？

◆薬の容器にお子さんの名前と飲む時間を書いておいてください。
Não se esqueça de escrever no recipiente do remédio, o nome da criança e o horário de medicação.
ノン セ エスケッサ ヂ エスクレヴェル ノ レシピエンテ ド レメヂオ、オ ノメ ダ クリアンサ エ オ オラリオ ヂ メヂカソン

◆お子さんは元気になりましたか？
O seu filho (a sua filha) recuperou a saúde?
オ セウ フィリョ（ア スア フィリャ）レクペロウ ア サウヂ？

◆お子さんの病気／けがが治ってよかったですね。
Felicitações pela recuperação da doença/do ferimento.
フェリシタソンエス ペラ レクペラソン ダ ドエンサ／ド フェリメント

(2) 子どもに対して　Diálogo com as crianças　ヂアロゴ コン アス クリアンサス

①登園時　Na chegada à creche　ナ シェガダ アー クレッシェ

◆出席シールをはりましょう。
Vamos colar o auto-adesivo de comparecimento.
ヴァモス コラル オ アウトーアデスィヴォ ヂ コンパレシメント

◆靴は靴箱に入れましょう。
Colocar os sapatos na sapateira.
コロカル オス サパトス ナ サパテイラ

◆持ち物はロッカーに入れましょう。
Guardar os pertences no armário.
グアルダル オス ペルテンセス ノ アルマリオ

◆タオルやおたより帳はここに置きましょう。
Coloquem aqui a toalha e o caderno de comunicação.
コロケン アキー ア トアリャ エ オ カデルノ ヂ コムニカソン

◆友達と一緒に遊びましょう。
Vamos brincar junto com os amiguinhos e as amiguinhas.
ヴァモス ブリンカル ジュント コン オス アミギニョス エ アス アミギニャス

◆気持ちが悪くなったら教えてね。
Avise quando sintir-se mal.
アヴィゼ クアンド シンチルセ マウ

◆泣かないでね。
Não chore.
ノン ショレ

②遊び　Jogos e brincadeiras　ジョゴス エ ブリンカデイラス

◆片付けをしましょう。
Vamos fazer a arrumação.
ヴァモス ファゼル ア アフマソン

◆外に出て遊びましょう。
Vamos sair para brincar lá fora.
ヴァモス サイル パラ ブリンカル ラー フォラ

◆お部屋で遊びましょう。
Vamos brincar na sala.
ヴァモス ブリンカル ナ サラ

◆お部屋に入りましょう。　Vamos entrar na sala.
ヴァモス エントラル ナ サラ

◆手をつなぎましょう。　Peguem as mãos.
ペーゲン アス モンス

◆こっちにおいで。　Venha para cá.
ヴェニャ パラ カー

◆靴をはきかえましょう。　Vamos mudar de sapatos.
ヴァモス ムダル チ サパトス

◆仲直りしましょうね。　Vamos nos reconcilar(ficar de bem).
ヴァモス ノス レコンスィラル（フィカル チ ベン）

◆よくできました。　Está muito bem!
エスター ムイト ベン！

◆とっても上手ね。　Você tem muita habilidade!
ヴォセー テン ムイタ アビリダヂ！

◆先生のお話をよく聞いてね。　Escute o que a professora vai dizer.
エスクテ オ ケ ア プロフェソラ ヴァイ ヂゼル

◆一緒にやってみましょう。　Vamos fazer junto.
ヴァモス ファゼル ジュント

◆もう一度しましょう。　Vamos fazer mais uma vez.
ヴァモス ファゼル マイス ウマ ヴェイス

◆○○を作りましょう。　Vamos fazer ○○.
ヴァモス ファゼル ○○

◆私が言ったことがわかりますか？　Entenderam o que eu falei?
エンテンデラン オ ケ エウ ファレイ？

◆約束しましょう。　Vamos fazer a promessa!
ヴァモス ファゼル ア プロメッサ！

◆ちょっと待ってね。　Espere um momentinho.
エスペレ ウン モメンチニョ

◆危ない。　É perigoso!
エー ペリゴーゾ！

◆してはいけません。　Não faça isso!
ノン ファサ イソ！

③食事　Refeição　レフェイソン

◆いただきます。　Tomo a liberdade de comer(Bom apetite!)
トモ ア リベルダヂ チ コメル（ボン アペチテ） ！

◆ごちそうさま。　Estou satisfeito.
エストウ サチスフェイト

◆おなかがすきましたか？　Está com fome?
エスター コン フォメ？

◆食事の時間ですよ。　É hora de comer.
エー オラ チ コメル

◆食事の前に手を洗いましょう。　Vamos lavar as mãos antes de comer.
ヴァモス ラヴァル アス モンス アンテス チ コメル

◆手をふこうね。
Limpe as mãos.
リンペ アス モンス

◆お茶を飲みましょう。
Vamos tomar o chá.
ヴァモス トマル オ シャー

◆よくかんで食べましょう。
Mastigue bem a comida.
マスチゲ ベン ア コミダ

◆食べられないものがあったら教えてください。
Diga-me se tiver algo que não pode comer.
ヂガメ セ チヴェル アウゴ ケ ノン ポヂ コメル

◆口のまわりをきれいにふきましょう。
Limpe a boca.
リンペ ア ボカ

◆よく食べたね。
Comeu bem.
コメウ ベン

◆うがいをしましょう。
Vamos gargarejar.
ヴァモス ガルガレジャル

◆歯磨きをしましょうね。
Vamos escovar os dentes.
ヴァモス エスコヴァル オス デンチス

◆片付けたら遊んでいいですよ。
Pedem brincar depois da arrumação.
ポデン ブリンカル デポイス ダ アフマソン

◆おやつの時間ですよ。
É hora da merenda.
エー オラ ダ メレンダ

④休憩・昼寝　Descanso-Sesta após o almoço　デスカンソ・セスタ アポース オ アウモソ

◆お昼寝の時間ですよ。
É hora de fazer a sesta após o almoço.
エー オラ ヂ ファゼル ア セスタ アポース オ アウモソ

◆服を着替えましょう。
Vamos trocar as roupas.
ヴァモス トロカル アス ロウパス

◆静かにしましょう。
Vamos fazer silêncio.
ヴァモス ファゼル シレンスィオ

◆ふとんを敷きましょう。
Vamos preparar o acolchoado (futon).
ヴァモス プレパラル オ アコウショアド

◆ふとんを片付けましょう。
Vamos guardar o acolchoado (futon).
ヴァモス グアルダル オ アコウショアド

◆目が覚めたかな。
Está despertada?
エスター デスペルタダ？

◆着替えをたたみましょう。
Vamos dobrar as roupas trocadas.
ヴァモス ドブラル アス ロウパス トロカダス

ダウンロードサービス （p.151 参照。本に載っていない下記の例文・単語集をダウンロードできます）

ポルトガル語例文
（1）保護者に対して　●行事について　●健診等
（2）子どもに対して　●保健〈保育者の問いかけ〉〈子どもが訴える症状〉　●降園時

ポルトガル語単語集
あいさつ／質問／家族／人間関係／設備、教材／子どもの動作／行事／時間／数字／病気・けが・症状／歯／医療／天候／色／自然・環境／動物／虫／植物／遊具・教材／記号・かたち／食品／食器　ほか

第3章

保育の場で活用できる外国語例文・単語集

ベトナム語編

（1）保護者に対して

Đối với người giám hộ
ドイ ヴォイ グオイ ジャム ホ

①入園の時

Khi nhập học　クィ ニャプ ホク

◆私が園長の○○です。
Tôi tên là ○○, hiệu trưởng trường mầm non.
トィ テン ラ ○○、ヒエウ チュオン チュオン マム ノン

◆お子さんをお預かりできてうれしく思います。
Tôi rất hạnh phúc khi được gửi con vào trường.
トィ ラット ハン フック、クィ ヴォク グィ コン ヴァウ チュオン

◆お子さんの入るクラスは○○です。
Lớp học của con là ○○.
ロップ ホック クァ コン ラ ○○

◆担任は○○です。
Giáo viên là ○○.
ジャウ ヴィエン ラ ○○

◆送り迎えは保護者の方がしてください。
Người giám hộ có trách nhiệm đưa đón trẻ.
グオイ ジャム ホ コ チャック ニャム デュア ドン チェ

◆体質または宗教上の理由でお子さんが食べられないものがありますか？
Món gì mà con bạn không thể ăn do thể trạng hay tôn giáo không?
モン ジ マ コン バウン コン ティ アン ゾ ティ チャン ハイ トン ジャウ コン？

◆休む時、遅れる時は保育園に電話してください。
Nếu bạn muốn nghỉ hoặc đến muộn thì hãy gọi cho nhà trẻ.
ネウ バン ムォン ギ ホァク デン ムォン ティ ハイ ゴィ チョ ニャ チェ

◆地震のあとの火災の時は、○○に避難します。
Khi có hoả hoạn sau trận động đất, hãy sơ tán đến ○○.
クィ コ ホァ ホァン サウ チャン ドン ダット、ハイ ソ タン デン ○○

◆地震が起こった時は、安全な限り保育園内に留まります。
Khi có động đất, sẽ ở lại trường mẫu giáo trong khả năng an toàn.
クィ コ ドン ダット、セ オ ライ チュオン マウ ジャウ チョン カ ナン アン トアン。

◆すべての持ち物に名前を書いてください。
Hãy viết tên lên các đồ đạc của con.
ハイ ヴィエット テン レン カク ド ダク クァ コン。

◆お昼寝用の布団が必要です。
Cần có chăn để ngủ trưa.
カン コ ネム デ グ チュア。

◆今までかかった病気を教えてください。
Hãy cho biết bệnh tình của con bạn cho đến nay.
ハイ チョ ビエット ベン ティン クア コン バン チョ デン ナイ。

◆保護者以外の人がお迎えに来る時は連絡してください。
Hãy liên hệ khi có người khác đến đón con.
ハイ リエン ヘ クィ コ グオイ カク ドン コン。

◆わからないことや心配なことがあったら相談してください。
Hãy bàn bạc với chúng tôi khi bạn không hiểu hoặc có sự lo lắng.
ハイ リェン ヘ ヴォイ チュン トィ クィ バン コン ヒエウ ホアック コ ス ロ ラング

◆お子さんを何と呼んだらいいですか？
Tôi nên gọi con bạn là gì?
トィ ネン ゴイ コン バン ラ ジ？

◆（乳児に対して）離乳食を食べさせていますか？
Bạn có cho trẻ ăn thức ăn của trẻ sơ sinh không?
バン コ チョ チェ アン テュック アン クア チェ ソ シン コン？

◆嫌いな食べ物はありますか？
Có món nào mà con không thích không?
コ モン ナウ マ コン バン コン ティック コン？

◆登園は○時までにしてください。
Hãy cho con đến trường trước ○ giờ.
ハイ チョ コン デン チュオン チュオック ○ ジョ

◆書類に必要なことを記入してください。
Hãy điền thông tin cần thiết vào tài liệu.
ハイ ディエン トン ティン カン ティエット ヴァオ タイ リエウ

②登園時 Khi đến trường　クィ デン チュオン

◆お子さんは元気ですか？
Con có khoẻ không?
コン コ コェ コン？

◆いってらっしゃい。
Xin chào.
シン チャウ。

◆お迎えの時間は何時ですか？
Mấy giờ đón con?
メイ ジョ ドン コン？

◆○○を持ってきましたか？
Bạn có mang ○○ không?
バン コ マン ○○ コン？

◆今日のお迎えは誰ですか？
Hôm nay ai đón con?
ホム ナイ アイ セ ドン コン？

◆○○時までにお迎えに来てください。
Hãy đến đón con trước ○○ giờ.
ハイ デン ドン コン チュオック ○○ ジョ

◆朝、園に来たら○○の準備をしてください。
Khi đến trường vào buổi sáng hãy chuẩn bị ○○.
クィ デン チュオン ヴァオ ブオイ サン ハイ チュアン ビ ○○

◆お子さんは朝ごはんを食べましたか？
Con đã ăn sáng chưa?
コン ダ アン サン チュア？

③降園時 Khi tan trường　クィ タン チュオン

◆今日は元気に遊んでいました。
Hôm nay con đã chơi vui.
ホム ナイ コン ダ チョイ ヴイ

◆明日は○○を行います。
Ngày mai đi ○○.
チュン トィ ディ ○○

◆お友達ができました。
Con đã kết bạn.
コン ダ ケット バン

◆おかえりなさい。
Chào mừng trở lại.
チャウ ムン チョ ライ

◆○○ができるようになりました。
Có thể làm được ○○.
コ ティ ラム デュオック ○○

◆今日はあまり元気がありませんでした。
Hôm nay con không khoẻ.
ホム ナイ コン コン コエ

◆給食を全部食べました。
Con đã ăn hết xuất ăn trưa ở trường.
コン ダ アン ヘット スオット アン チュア オ チュオン

◆昼寝ではよく眠りました。
Con ngủ rất ngon trong giờ ngủ trưa.
コン グ ラット ゴン チョン ジョ グ チュア

◆昼寝をしませんでした。
Con không ngủ được.
コン コン グ デュオック

◆今日は○○を持ち帰ってください。
Hôm nay hãy mang ○○ về nhà .
ホム ナイ ハイ マン ○○ ヴェ ニャ

◆食欲がありませんでした。
Con không có cảm giác thèm ăn.
コン コン コ カム ジャック テム アン

◆今日はお散歩に行きました。
Hôm nay con đi dạo.
ホム ナイ コン ディ ザオ

◆お子さんの爪を切ってください。
Hãy cắt móng tay cho con.
ハイ カット モン タイ チョ コン

◆お子さんが転んで傷をつくったので、手当てをしました。
Hôm nay con bị ngã và bị thương nên tôi đã chăm sóc.
ホム ナイ コン ビ ガ ヴァ ビ テュオン ネン トィ ダ チャム ソック

④保健について　Sức khỏe　スックコエ

〈入園時〉　Khi nhập học　クィ ニャップ ホック

◆現在、お子さんは健康ですか？
Hiện tại con bạn có khoẻ không?
ヒェン タイ コン バン コ コエ コン

◆お子さんは○○という病気にかかったことはありますか？
Con đã từng bị bệnh ○○ chưa?
コン ダ ツン ビ ベン ○○ チュア？

◆お子さんは○○の予防接種を受けましたか？
Con đã được tiêm chủng ngừa ○○ chưa?
コン ダ デュオック ティエム チュン グア ○○ チュア？

◆母子健康手帳は持っていますか？
Bạn có Sổ tay Sức khoẻ Bà mẹ và Trẻ em không?
バン コ ソ タイ スック コエ バ メ ヴァ チェ エム コン？

◆かかりつけの病院を教えてください。
Hãy cho tôi biết bệnh viện của con.
ハイ チョ トィ ビエット ベン ヴィエン クァ コン

◆お子さんは大きな病気やけがで入院したことはありますか？
Con đã từng phải nhập viện vì bệnh nặng hoặc thương tật chưa?
コン ダ ツン ファイ ニャップ ヴィエン ヴィ ベン ナン ホアック テュオン タット チュア？

◆お子さんはアレルギーはありますか？
Con có bị dị ứng gì không?
コン コ ビ ジ ウン ジ コン？

◆お子さんは何か持病を持っていますか？
Con có bị bệnh mãn tính không?
コン コ ビ ベン マン ティン コン？

◆お子さんの平熱は何度ですか？
Thân nhiệt trung bình của con là bao nhiêu?
タン ニェット チュン ビン クァ コン ラ バォ ニェウ

〈保育園で病気になった時、けがをした時の連絡〉
Liên hệ khi con bị ốm hoặc bị thương ở trường.　リエン ヘ キ コン ビ オム ホァック ビ テュオン オ チュオン

◆こちら○○保育園です。
Đây là trường mẫu giáo ○○.
ダイ ラ チュオン マウ ジャオ ○○

◆○○さんですか？
Bạn có phải là ○○ không?
バン コ ファイ ラ ○○ コン？

◆お子さんの具合が悪いです。
Con bạn bị mệt.
コン バン ビ オマ

◆お子さんの熱が 37 度（38 度、39 度、40 度）あります。
Thân nhiệt của con là 37 độ (38 độ, 39 độ, 40 độ).
タン ニエト クァ コン ラ 37 ド（38 ド、39 ド、40 ド）

◆すぐお迎えに来てください。
Hãy đến đưa con về ngay.
ハイ デン デュア コン ヴェ ガイ

◆お子さんが○○をけがしました。
Con bạn bị thương ở ○○.
コン バン ビ テュオン オ ○○

◆お子さんが○○が痛いと言っています。
Con nói rất đau ○○.
コン ノイ ラット ダウ ○○

◆お子さんが○○を△針、縫いました。
Con đã được khâu ○○ bằng △.
コン ダ デュオック カウ ○○ バン △

◆お子さんが下痢を△回しています。
Con bị tiêu chảy △ lần.
コン ビ ティエウ チャイ △ ラン

◆お子さんが△回吐いています。
Con bị nôn △ lần.
コン ビ ノン △ ラン

◆お子さんが骨折しました。
Con bị gãy xương.
コン ビ ガイ スォン

◆お子さんが脱臼しました。
Con bị trật khớp.
コン ビ チャット コップ

◆お子さんが捻挫しました。
Con bị bong gân.
コン ビ ボン ガン

◆お子さんに発疹ができています。
Con bị phát ban.
コン ビ ファット バン

◆お子さんに目やにが出ています。
Con bị bệnh thấp khớp biến.
コン ビ ベン タップ コプ ビエン

◆お子さんに耳だれが出ています。
Con bị bệnh thấp tai biến.
コン ビ ベン タップ タイ ビエン

◆お子さんがひきつけを起こしました。
Con bị sốt rét.
コン ビ ソット レット

◆お子さんの目が赤くなっています。
Con bị đau mắt.
コン ビ ダゥ マット

◆医者に診てもらってください。
Hãy đến gặp bác sĩ.
ハイ デン ガップ バック シ

◆お子さんは○○病院で手当てを受けました。
Con đã được điều trị tại bệnh viện ○○.
コン ダ デュオック ディエウ チ タイ ベン ヴィエン ○○

◆医者に、お子さんは○○という病気だと言われました。
Bác sĩ nói rằng con bị bệnh ○○.
バック シ ノイ ラング コン ビ ベン ○○

◆お子さんの体調がよくありません。
Con không được khoẻ.
コン コン デュオック コエ

◆健康保険証を持っていますか？
Con có thẻ bảo hiểm y tế không?
コン コ テ バウ ヒエム イ テ コン？

◆健康保険証を病院に提出してください。
Hãy nộp thẻ bảo hiểm y tế cho bệnh viện.
ハイ ノップ テ バウ ヒエム イ テ チョ ベン ヴィエン

◆お大事に。
Bảo trọng.
バウ チョング

〈病気の後で登園した時〉 Khi con đến trường sau khi ốm. キ コン バン デン チュオン サウ キ オマ

◆お子さんの熱は下がりましたか？
Con có hạ sốt không?
コン バン コ ハ ソット コン？

◆薬はなるべく家で飲ませてください。
Hãy cho con uống thuốc ở nhà.
ハイ チョ コン ウオン テュオック オ ニャ

からだの部位　Bộ phận cơ thể　ボ ファン コテ

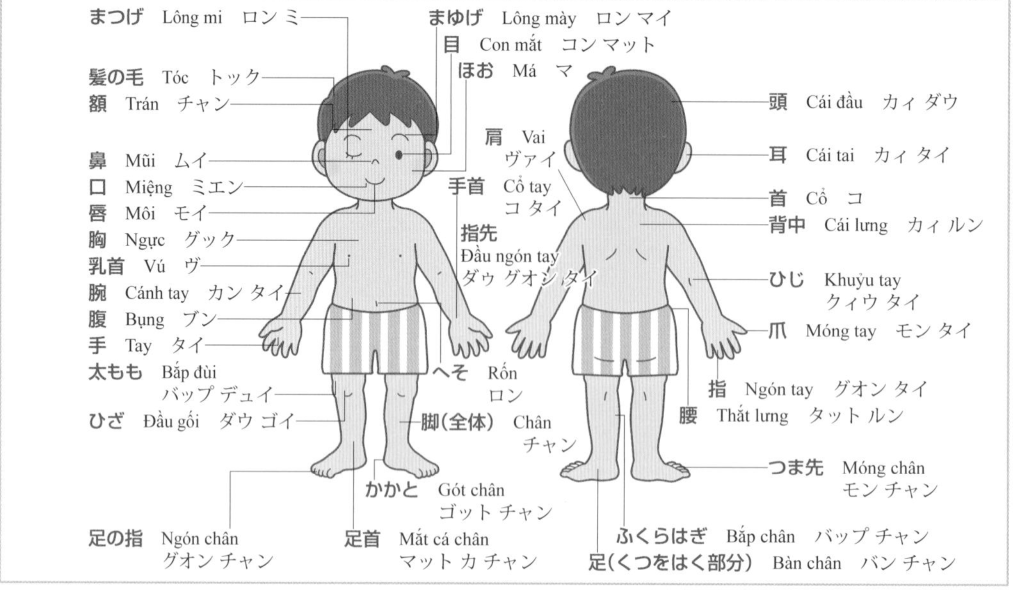

◆**お子さんは食欲はありますか？**　Con có muốn ăn không?
コン コ ムォン アン コン？

◆**医者は登園してもよいと言っていましたか？**　Bác sĩ có nói rằng con nên đến trường?
バック シ コ ノイ ラング コン ネン デン チュオン？

◆**○○という病気にかかった場合は、医者の登園許可書を提出してください。**　Trường hợp con bị bệnh ○○, hãy gửi đơn xin nghỉ cho bác sĩ.
チュオン ホップ コン ビ ベン ○○、ハイ グイ ドン シン ギ チョ バック シ

◆**お子さんの傷は治りましたか？**　Vết thương của con đã lành chưa?
ヴェット テュオン クア コン ダ ラン チュア？

◆**薬の容器にお子さんの名前と飲む時間を書いておいてください。**　Ghi lại tên và thời gian uống thuốc của con.
ギ ライ テン ヴァ トィ ジャン ウオン テュオック クア コン

◆**お子さんは元気になりましたか？**　Con khoẻ chưa?
コン コエ チュア？

◆**お子さんの病気／けがが治ってよかったですね。**　Tôi rất vui vì bệnh tật ／ thương tích của con đã lành.
トィ ラット ヴイ ヴィ ベン タット ／ テュオン ティック クア コン ダ ラン

(2) 子どもに対して　Đối với trẻ em　ドイ ヴォイ チェ エム

①登園時　Khi đến nhà trẻ　クィ デン ニャ チェ

◆**出席シールをはりましょう。**　Đeo thẻ điểm danh.
デウ テ ヂエム ザン

◆**靴は靴箱に入れましょう。**　Hãy bỏ giày vào hộp đựng giày.
ハイ ボ ジェイ ヴァオ ホップ ヅン ジェイ

◆持ち物はロッカーに入れましょう。
Đặt đồ đạc của con vào tủ khóa.
ダット ド ダック クァ バン ヴァオ ツ コア

◆タオルやおたより帳はここに置きましょう。
Hãy đặt khăn và thời khoá biểu tại đây.
ダット カン ヴァ ソ リエン ラック タイ ダイ

◆友達と一緒に遊びましょう。
Cùng chơi với bạn bè.
クン チョイ ヴォイ バン ベ

◆気持ちが悪くなったら教えてね。
Hãy cho chúng tôi biết nếu con không khoẻ.
ハイ チョ トィ ビエット ネゥ コン コン コエ

◆泣かないでね。
Đừng khóc.
デュン コック

②遊び Vui chơi ヴイ チョイ

◆片付けをしましょう。
Hãy dọn dẹp.
ハイ ゾン ゼップ

◆外に出て遊びましょう。
Hãy ra ngoài và chơi.
ハイ ラ ゴアイ ヴァ チョイ

◆お部屋で遊びましょう。
Hãy chơi trong phòng.
ハイ チョイ チョン フォン

◆お部屋に入りましょう。
Vào phòng thôi.
ヴァオ フォン トィ

◆手をつなぎましょう。
Hãy nắm tay nhau.
ハイ ナム タイ ニャウ

◆車が走ってきたら止まりましょう。
Khi xe ô tô lại gần thì hãy dừng lại.
クィ セ オ ト ライ ガン チ ハイ ズン ライ

◆こっちにおいで。
Lại đây nào.
ライ ダイ ナウ

◆靴をはきかえましょう。
Hãy thay giày.
ハイ タイ ジェイ

◆仲直りしましょうね。
Hãy làm lại.
ハイ チャン ライ

◆えらいね。
Tuyệt vời.
トウイエット ヴォイ

◆よくできました。
Làm tốt lắm.
ラム トット ラム

◆とっても上手ね。
Con rất giỏi.
コン ラット ジョイ

◆先生のお話をよく聞いてね。
Chú ý lắng nghe cô giáo nói.
チュ イ ラング ゲ コ ジャオ ノイ

◆一緒にやってみましょう。
Hãy cùng nhau thực hiện.
ハイ クン ニャウ ツク ヒエン

◆もう一度しましょう。
Hãy làm lại một lần nữa.
ハイ ラム ライ モット ラン ヌア

◆○○を作りましょう。
Hãy làm ○○.
ハイ ラム ○○

◆私が言ったことがわかりますか？
Bạn có hiểu những gì tôi nói không?
バン コ ヒエウ ニュン ジ トィ ノイ コン？

◆約束しましょう。
Hãy thực hiện lời hứa.
ハイ ツク ヒエン ロイ フア

◆ちょっと待ってね。
Chờ một chút.
チョ モット チュト

◆ねんどをしましょう。
Hãy chơi đất sét.
ハイ チョイ ダット セト

◆砂場で遊びましょう。
Hãy chơi trong khu hộp cát.
ハイ チョイ チョン ク ホプ カト

◆砂をはらいましょう。
Hãy phủi cát.
ハイ フイ カト

◆危ない。
Nguy hiểm.
グイ ヒエム。

◆してはいけません。
Không được làm.
コン デュオック ラマ

◆△△は日本語で○○といいます。
△△ được gọi là ○○ trong tiếng Nhật.
△△ デュオック ゴイ ラ ○○ チョン ティエン ニャト

◆△△は○○語で何というのですか？
Từ △△ trong tiếng ○○ nghĩa là gì?
ツ △△ チョン ティエン ○○ ギア ラ ジ？

③食事　Bữa ăn　ブア アン

◆いただきます。
Xin mời.
シン モイ

◆ごちそうさま。
Cảm ơn vì bữa ăn.
カム オン ヴィ ブア アン

◆おなかがすきましたか？
Bạn có đói không?
バン コ ドイ コン？

◆食事の時間ですよ。
Đến giờ ăn rồi.
デン ジョ アン ロイ

◆食事の前に手を洗いましょう。
Rửa tay trước khi ăn.
ルァ タイ チュオック カヒ アン

◆手をふこうね。
Hãy lau tay.
ハイ ラウ タイ

◆お茶を飲みましょう。
Hãy uống trà đi.
ハイ ウオン チャ ディ

◆よくかんで食べましょう。
Hãy nhai kỹ.
ハイ ナイ キ。

◆食べられないものがあったら教えてください。
Nếu có món nào không ăn được hãy cho tôi biết.
ネゥ コ モン ナォ コン アン デュオック ハイ チョ チュン トィ ビエット

◆口のまわりをきれいにふきましょう。
Lau sạch miệng.
ラウ サック ミエン

◆よく食べたね。
Ăn nhiều nhỉ.
アン ニエウ ニ

◈うがいをしましょう。
Hãy súc miệng.
ハイ スック ミエン

◈歯磨きをしましょうね。
Hãy đánh răng.
ハイ ダン ラング

◈片付けたら遊んでいいですよ。
Sắp xếp xong rồi hãy chơi.
サップ セップ ソング ロイ ハイ チョイ

◈おやつの時間ですよ。
Đã đến giờ ăn nhẹ.
ダ デン ジョ アン ニェ

④休憩・昼寝　Giải lao/Nghỉ trưa　ジァイ ラゥ／ギ チュア

◈お昼寝の時間ですよ。
Đã đến giờ nghỉ trưa.
ダ デン ジョ ギ チュア

◈服を着替えましょう。
Hãy thay quần áo.
ハイ タイ クアン アゥ

◈静かにしましょう。
Hãy im lặng.
ハイ イム ラング

◈ふとんを敷きましょう。
Hãy trải nệm ra.
ハイ チャイ ネム ラ

◈ふとんを片付けましょう。
Hãy gấp nệm.
ハイ ガップ ネム

◈目が覚めたかな。
Bạn đã ngủ dậy chưa?
バン ダ グ デイ チュア？

◈着替えをたたみましょう。
Hãy gấp quần áo đi.
ハイ ガップ クアン アウ ディ

ダウンロードサービス（p.151 参照。本に載っていない下記の例文･単語集をダウンロードできます）

ベトナム語例文

（1）保護者に対して　●行事について　●健診等

（2）子どもに対して　●保健〈保育者の問いかけ〉〈子どもが訴える症状〉　●降園時

ベトナム語単語集

あいさつ／質問／家族／人間関係／設備、教材／子どもの動作／行事／時間／数字／病気・けが・症状／歯／医療／天候／色／自然・環境／動物／虫／植物／遊具・教材／記号・かたち／食品／食器　ほか

第3章 保育の場で活用できる外国語例文・単語集

（1）保護者に対して　Sa Mga Magulang (Tagapag-alaga)　サ マガ マグラン（タガパガ ラガ）

タガログ語編

①入園の時　Sa Pagpasok sa Nursery School　サ パッグパソ サ ナーサリー スクール

◆私が園長の○○です。	Ako si ○○. Ako ang principal. アコ スィ ○○。アコ アング プリンシパル
◆お子さんをお預かりできてうれしく思います。	Ikinagagalak ko na ang inyong anak ay pumapasok sa aming nursery school. イキナガガラック コ ナ アング インヨン アナ カイ パマソック サ アミング プンマパッソ サ アミング ナーサリー スクール
◆お子さんの入るクラスは○○です。	Ang inyong anak ay kasama sa klase ng ○○. アンギ イニョン アナック カイ カサマ サ クラスィ ナン ○○
◆担任は○○です。	Ang guro ng inyong anak ay si Mr./Ms. ○○. アン グロナン インニョン アナック カイ スィ ミスター／ミセズ ○○
◆送り迎えは保護者の方がしてください。	Responsibilidad ng mga magulang ang paghatid sa kanilang mga anak sa paaralan at ang pagsundo sa kanila. リスポンシビリダッド ナ マガ マグラン ガン パッグハティ サ カニラン マガ アナ サ パアララン ア タン パグスンドゥ サ カニラ
◆体質または宗教上の理由でお子さんが食べられないものがありますか？	Mayroon bang mga pagkain na hindi maaaring kainin ng iyong anak dahil sa kalusugan o relihiyon? メイロン バン マガ パッガイン ナ ヒンディ マアアリン カイニン ナ イヨン アナ ダヒル サ カルスガン オ リリイヨン
◆休む時、遅れる時は保育園に電話してください。	Mangyari lamang tumawag sa opisina kapag aabsent o mahuhuli ang iyong anak. マンヤリ ラマン ツマワグ サ オピシナ カパッグ アアブゼント マウウリ アン イヨン アナ
◆地震のあとの火災の時は、○○に避難します。	Kung magkaroon ng sunog pagkatapos ng lindol, lilipat tayo sa ○○. クン マカローン ナン スノ パガタポス ナン リンドル、リリパ タヨ サ ○○
◆地震が起こった時は、安全な限り保育園内に留まります。	Kung may lindol, mananatili kami sa nursery school hangga't maaari at hangga't ligtas. クン メイ リンドル、マナナティリ カミ サ ナーサリー スクール ハンガット マアアリ アッ タンガット リグタス
◆すべての持ち物に名前を書いてください。	Pakisulat ang pangalan ng iyong anak sa lahat ng damit at gamit nya. パキスラ タン パンガラン ナン イヨン アナック サ ラハ ナン ダミット アッ ガミット ニャ
◆お昼寝用の布団が必要です。	Ang iyong anak ay nangangailangan ng pansapin (kumot) para sa oras ng pagtulog. アン イヨン アナ アイ ナンガンガイランガン ナン パンサピン（クモ）パラ サ オラス ナン パットゥログ
◆今までかかった病気を教えてください。	Mangyaring ibigay sa amin ang medical history ng inyong anak. マンギャリン イビガイ サ アミン アン メディカル ヒストリ ナン イヨン アナ
◆保護者以外の人がお迎えに来る時は連絡してください。	Tawagan kami nang maaga kapag may ibang susundo sa iyong anak. タワガン カミ ナン マアガ カパ メイ イバン スサンドゥ サ イヨン アナ

◆わからないことや心配なことがあったら相談してください。
Kung mayroon kayong anumang mga alalahanin, mangyaring sabihin sa akin (sa amin).
クン メイロン カヨン アヌマン マガ アララハニン マンギャリン サビヒン サ アキン（サ アミン）

◆お子さんを何と呼んだらいいですか？
Ano ho ang maaari kong itawag sa inyong anak?
アノ ホ アン マアアリ コン イタワ サ イニョン アナック？

◆（乳児に対して）離乳食を食べさせていますか？
(Para sa mga sanggol) Pinapakain niyo ba ang inyong anak ng baby food?
（パラ サ マガ サンゴル）ピナパカイン ニョ バ アン イニョン アナック ナン ベイビー フード？

◆嫌いな食べ物はありますか？
Anong mga pagkain ang ayaw ho ng inyong anak?
アノン マガ パカイン アン アヤウ ホ ナン イニョン アナック？

◆登園は○時までにしてください。
Mangyaring hong dumating sa ○ ng umaga.
マンギャリン ホン デュマティン サ ○ ナン ウマガ

◆書類に必要なことを記入してください。
Mangyaring hong punan ang form na ito.
マンギャリン ホン プナン アン フォーム ネ イト

②登園時　Pagdating sa Nursery school　パグダティン サ ナーサリー スクール

◆○○ちゃんは元気ですか？
Kumusta ho si ○○ ngayon?
クムスタ ホ スィ ○○ ネイヨン？

◆いってらっしゃい。
Mag-ingat po kayo.
マグ インガット ポ カヨ

◆お迎えの時間は何時ですか？
Anong oras ho ninyo susunduin si ○○?
アノン オラス ホ ニニョ スサンデュアン スィ ○○？

◆○○を持ってきましたか？
Dinala mo ba ang iyong ○○?
ディナラ モ バ アン イヨン ○○？

◆○○ちゃんの今日のお迎えは誰ですか？
Sino ho ang susundo kay ○○ sa araw na eto?
シノ ホ アン スサンドゥ カイ ○○ サ アラウ ナ エト？

◆△△時までに○○ちゃんをお迎えに来てください。
Pakisundo ho kay ○○ sa ganap na alas △△.
パキスンドゥ ホ カイ ○○ サ ガナップ ナ アラス △△

◆朝、園に来たら○○の準備をしてください。
Pakihanda ho ng ○○ sa pagparito niya sa eskwelahan ngayong umaga.
パキハンダ ホ ナン ○○ サ パグパリト ニャ サ エスクウェラハン ニャヨン ウマガ

◆○○ちゃんは朝ごはんを食べましたか？
Nakakain ho ba ng agahan si ○○?
ナカカイン ホ バ ナ アガハン スィ ○○？

③降園時　Sa Pag Uwi　サ パグ ウウィ

◆○○ちゃんは今日は元気に遊んでいました。
Enjoy sa paglalaro si ○○, sa araw na ito.
エンジョイ サ パグラロ スィ ○○、サ アラウ ネ イト

◆明日は○○を行います。
Bukas, gaganapin ho ang ○○.
ブカス、ガガナピン ホ アン ○○

◆○○ちゃんはお友達ができました。
May bagong kaibigan si ○○.
メイ バゴン カイビガン スィ ○○

◆おかえりなさい。
Maligayang pagbabalik.
マリガヤング パグババリク

◆○○が～できるようになりました。	Kaya ng gawin ni ○○ mag ～ . カヤ ナン ガウィン ニ ○○ マグ ～
◆○○ちゃんは今日はあまり元気がありませんでした。	Napagod si ○○ sa araw na ito. ナパゴッド スィ ○○ サ アラウ ネ イト
◆○○ちゃんは給食を全部食べました。	Naubos ni ○○ ang pagkain/bento nya. ナウボス ニ ○○ アン パガイン（ベントウ）ニャ
◆○○ちゃんは昼寝ではよく眠りました。	Natulog ng maiigi si ○○ sa nap time. ナトゥログ ナ マイイギ スィ ○○ サ ナップ タイム
◆○○ちゃんは昼寝をしませんでした。	Di nakatulog ng mabuti si ○○ sa nap time. ディ ナカトゥログ ナ マブティ スィ ○○ サ ナップ タイム
◆今日は○○を持ち帰ってください。	Pakisundo ho si ○○. パキスンドゥ ホ スィ ○○
◆○○ちゃんは食欲がありませんでした。	Hindi gutom si ○○ sa araw na ito. ヒンディ グトム スィ ○○ サ アラウ ネ イト
◆今日はお散歩に行きました。	Naglakad kami sa araw na ito. ナグラカッド カミ サ アラウ ネ イト
◆○○ちゃんの爪を切ってください。	Pakiputol ho ng kuko ni ○○. パキプトル ホ ナ クコ ニ ○○
◆○○ちゃんが転んで傷をつくったので、手当てをしました。	Nahulog at nasugatan si ○○, kaya binantayan namin sya. ナウログ アット ナスガタン スィ ○○、カヤ ビナンタヤン ナミン シャ

④保健について　Tungkol sa Kalusugan　トゥンコル サ カルスガン

〈入園時〉　Sa pagpasok sa Nursery School　サ パグパソック サ ナーサリー スクール

◆現在、お子さんは健康ですか？	Kumusta ho ang kalusugan ng inyong anak? クムスタ ホ アン カルスガン ナン イニョン アナック？
◆お子さんは○○という病気にかかったことはありますか？	Nagkaroon na ba ang iyong anak ng sakit na tinatawag na ○○? ナッカローン ナ バ アン イヨン アナック ナン サキット ナ チナタワ ナ ○○？
◆お子さんは○○の予防接種を受けましたか？	Na bakunahan na ba ang inyong anak sa ○○? ナ バクナハン ナ バ アン イニョン アナック サ ○○？
◆母子健康手帳は持っていますか？	Meron ho ba kayong handbook sa kalusugan ng ina at bata? メロン ホ バ カヨン ハンドブック サ カルスガン ナン イナ アット バータ？
◆かかりつけの病院を教えてください。	Pakituro ho ng pangalan ng ospital? パキトゥロ ホ ナン パンガラン ナン オスピタル？
◆お子さんは大きな病気やけがで入院したことはありますか？	Na admit na ho ba ang inyong anak sa ospital dahil sa malubhang sakit o aksidente? ナ アドミットゥ ナ ホ バ アン イニョン アナック サ オスピタル ダヒル サ マルバン サキットゥ オ アキシデンテ？
◆お子さんはアレルギーはありますか？	Meron ho bang allergy ang inyong anak? メロン ホ バン アレルジ アン イニョン アナック？
◆お子さんは何か持病を持っていますか？	Meron ho bang malalang/paulit ulit na sakit ang inyong anak? メロン ホ バン マララン／パウリットゥ ウリットゥ ナ サキットゥ アン イニョン アナック？
◆お子さんの平熱は何度ですか？	Ano ho ang temperatura ng anak ninyo ngayon? アノ ホ アン テンペラトゥラ ナン アナック ニニョ ネイヨン？

〈保育園で病気になった時、けがをした時の連絡〉

Abiso ng Pagkakasakit o aksidente sa Nursery School

アビソ ナン パッカカサキットゥ オ アキシデンテ サ ナーサリー スクール

◆こちら○○保育園です。
Eto ho ang ○○ Nursery School.
エト ホ アン ○○ ナーサリー スクール

◆○○さんですか？
Helo ho, eto ho ba si Mister/Miss ○○?
ヒロー ホ、エト ホ バ スィ ミスター／ミス ○○？

◆○○ちゃんの具合が悪いです。
May sakit ho si ○○.
メイ サキットゥ ホ スィ ○○

◆○○ちゃんの熱が37度(38度、39度、40度）あります。
Ang temperatura ni ○○ ay 37°C/38°C/39°C/40°C.
アン テンペラトゥラ ニ ○○ アイ 37（38、39、40）degrees

◆すぐに○○ちゃんのお迎えに来てください。
Pakisundo ho kay ○○ sa lalong madaling panahon.
パキスンド ホ カイ ○○ サ ラロング マダリン パナホン

◆○○ちゃんが□□をけがしました。
Nasugatan ho ni ○○ ang kanyang □□.
ナスガタン ホ ニ ○○ アン カニャン □□

◆○○ちゃんが□□が痛いと言っています。
Sinabi ho ni ○○ na masakit ang □□ nya.
シナビ ホ ニ ○○ ナ マサキットゥ アン □□ ニャ

◆○○ちゃんが□□を△針、縫いました。
Nagtahi si ○○ ng △ tahi ng □□.
ナッグタヒ スィ ○○ ナン △ タヒ ナン □□

◆○○ちゃんが下痢を△回しています。
Nagtae ho ng △ beses si ○○.
ナッグタエ ホ ナン △ ベセス スィ ○○

◆○○ちゃんが△回吐いています。
Nagsuka ho ng △ beses si ○○.
ナッグスカ ホ ナン △ ベセス スィ ○○

◆○○ちゃんが△を骨折しました。
Nabali ho ang △ ni ○○.
ナバリ ホ アン △ ニ ○○

◆○○ちゃんが△を脱臼しました。
Lumihis ho ang △ ni ○○.
ルミヒス ホ アン △ ニ ○○

◆○○ちゃんが捻挫しました。
Napilay ang ni ○○.
ナピレイ アン ニ ○○

◆○○ちゃんに発疹ができています。
May pantal si ○○.
メイ パンタル スィ ○○

◆○○ちゃんに目やにが出ています。
Nagmumuta ang mga mata ni ○○.
ナグムムタ アン マガ マタ ニ ○○

◆○○ちゃんに耳だれが出ています。
Nag nana ang mga tainga ni ○○.
ナグ ナナ アン マガ タインガ ニ ○○

◆○○ちゃんがひきつけを起こしました。
May kombulsyon si ○○.
メイ コンブルション スィ ○○

◆○○ちゃんの目が赤くなっています。
Ang mga mata ni ○○ ay pula.
アン マガ マタ ニ ○○ エイ プラ

◆医者に○○ちゃんを診てもらってください。
Pakisamahan si ○○ sa doktor.
パキサマハン スィ ○○ サ ドクトル

◆○○ちゃんは病院で手当てを受けました。
Ginamot si ○○ sa ospital.
ギナモゥ スィ ○○ サ オスピタル

からだの部位　Parte ng Katawan　パルテ ナン カタワン

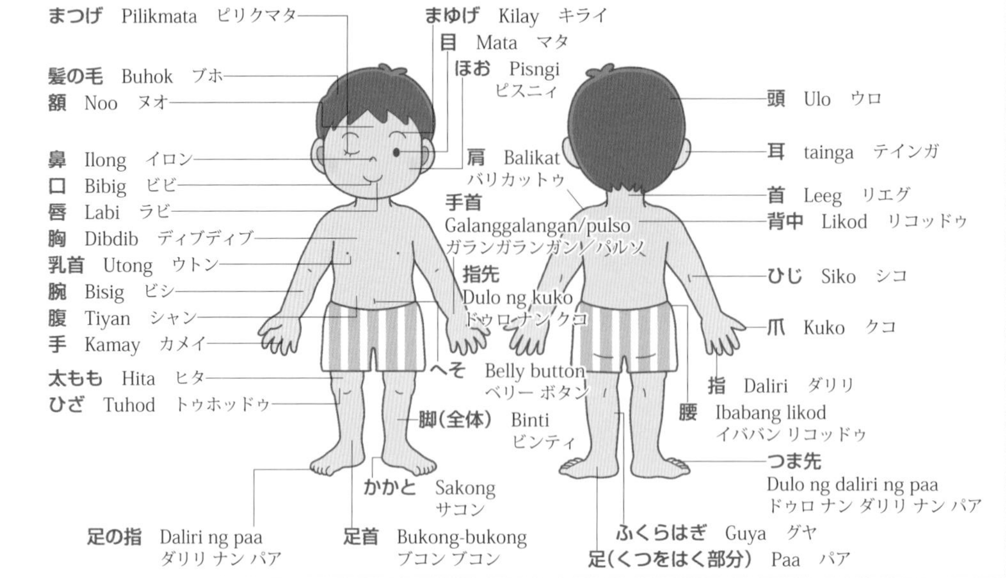

◆医者に、○○ちゃんは病気だと言われました。
Sabi ng doktor, meron ho daw sakit si ○○.
サビ ナン ドクトル、メロン ホ ドウ サキッ スィ ○○

◆○○ちゃんの体調がよくありません。
Medyo hindi maganda ang pakiramdam ni ○○ kumpara sa dati.
メヂョ ヒンディ マガンダ アン パキラムダン ニ ○○ クンパラ サ ダティ

◆健康保険証を持っていますか？
Hawak ho ba ninyo ang health insurance certificate ninyo?
ハワック ホ バ ニンヨ アン ヘルス インシュランス セルティフィケイトゥ ニンヨ？

◆健康保険証を病院に提出してください。
Paki submit/sumite ng health insurance certificate ninyo sa ospital.
パキ サブミットゥ／スミッテ ナン ヘルス インシュランス セルティフィケイト ニンヨ サ オスピタル

◆お大事に。
Sana gumaling ka.
サナ グマリン カ

〈病気の後で登園した時〉　Pagbalik Sa Nursery School Pagkatapos Ng Sakit
パグバリク サ ナーサリー スクール パグカタポス ナン サキットゥ

◆○○ちゃんの熱は下がりましたか？
Bumaba ho ba ang lagnat ni ○○?
ブンマバ ホ バ アン ラグナッ ニ ○○？

◆薬はなるべく家で飲ませてください。
Pakibigyan ho si ○○ ng medicine sa bahay.
パキビギャン ホ スィ ○○ ナン メディシン サ バハイ

◆○○ちゃんは食欲はありますか？
Kumusta ho ang gana ni ○○ sa pagkain?
クムスタ ホ アン ガナ ニ サ ○○ パカイン？

◆医者は○○ちゃんが登園してもよいと言っていましたか？
Nasabi na ba ho ng doktor na puede ng bumalik si ○○ sa eskuwelahan?
ナサビ ナ バ ホ ナン ドクトル ナ プエディ ナン ブンマリ スィ ○○ サ エスクウェラハン？

◆○○という病気にかかった場合は、医者の登園許可書を提出してください。
Kailangan ko ng sulat/permiso galing sa doktor bago makabalik sa eskuwelahan si ○○.
カイランガン コ ナン スラ／ペルミソ ガリン サ ドクトル バゴ マカバリ サ エスクウェラハン スィ ○○

◆○○ちゃんの傷は治りましたか？
Gumaling na ho ba ang sugat ni ○○?
グンマリン ナ ホ バ アン スガ ニ ○○？

◆薬の容器に○○ちゃんの名前と飲む時間を書いておいてください。
Pakisulat ho sa medicine container ang panggalan ni ○○ at dosage ng medicine (ang eksantong oras sa pag inom).
パキスラ ホ サ メディシン コンテイナ アン パンガラン ニ アット ドサジュ ナン メディシン（アン エクサントン オラス サ パ ギノム）

◆○○ちゃんは元気になりましたか？
Mas maganda na ho ba ang pakiramdam ni ○○?
マス マガンダ ナ ホ バ アン パキランダム ニ ○○？

◆○○ちゃんの病気／けがが治ってよかったですね。
Kami ho ay natutuwa na mas okay na ang sugat/sakit ni ○○.
カミ ホ アイ ナトゥトゥワ ナ マス オケイ ナ アン スガ／サキットゥ ニ ○○

(2) 子どもに対して　Para Sa Mga Bata　パラ サ マガ バータ

①登園時　Sa pagdating sa Nursery School　サ パグダティング サ ナーサリー スクール

◆出席シールをはりましょう。
Pakilagay ng sticker today.
パキラガイ ナン スティカー

◆靴は靴箱に入れましょう。
Pakilagay ng inyong sapatos sa lalagyan ng sapatos.
パキラガイ ナン インヨン サパトス サ ララギャン ナン サパトス

◆持ち物はロッカーに入れましょう。
Pakilagay ng inyong gamit sa laker.
パキラガイ ナン インヨン ガミッ サ リカー

◆タオルやおたより帳はここに置きましょう。
Pakilagay ng tawel at notebook dito.
パキラガイ ナン タウェル アットゥ ノートブック ディトゥ

◆友達と一緒に遊びましょう。
Halika ka at mag laro tayo kasama ng ibang bata.
ハリカ カ アットゥ マグ ラロ タヨ カサマ ナン イバン バータ

◆気持ちが悪くなったら教えてね。
Magsabi ka kung may sakit ka ha.
マッサビ カ クン メイ サキットゥ カ ハ

◆泣かないでね。
Huwag kang umiyak.
フワ カン ウミヤ

②遊び　Laro　ラロ

◆片付けをしましょう。
Oras na maglinis/mag ayos.
オラス ナ マグリニス／マグ アヨス

◆外に出て遊びましょう。
Maglaro tayo sa labas.
マグラロ タヨ サ ラバス

◆お部屋で遊びましょう。
Maglaro tayo sa loob.
マグラロ タヨ サ ロオブ

◆お部屋に入りましょう。
Pasok tayo sa loob.
パソッ タヨ サ ロオブ

◆手をつなぎましょう。
Hawak hawak kamay tayo.
ハワッ ハワッ カメイ タヨ

◆こっちにおいで。
Halika ka rito/Lumapit ka rito.
ハリカ カ リト／ルマピッ カ リト

◆靴をはきかえましょう。
Pakipalit ng sapatos.
パキパリ ナン サパトス

◆仲直りしましょうね。	Puede ba kaibigan na tayo uli. プエディ バ カイビガン ナ タヨ ウリ
◆えらいね。	Galing galing. ガリン ガリン
◆よくできました。	Magaling. マガリン
◆とっても上手ね。	Galing galing. ガリン ガリン
◆先生のお話をよく聞いてね。	Makinig kayo. マキニン カヨ
◆一緒にやってみましょう。	Sabay nating gawin. サバイ ナティン ガウィン
◆もう一度しましょう。	Gawin natin uli. ガウィン ナティン ウリ
◆○○を作りましょう。	Gawa tayo ng ○○. ガワ タヨ ナン ○○
◆私が言ったことがわかりますか？	Naintindihan mo ba? ナインティンディハン モ バ？
◆約束しましょう。	Pangako tayo. パンアコ タヨ
◆ちょっと待ってね。	Sandali, hintay. サンダリ、ヒンテイ
◆お絵描き（ねんど）をしましょう。	Magdraw tayo ng picture (laro tayo ng clay). マッドロウ タヨ ナン ピクチュア（ラロ タヨ ナン クレイ）
◆砂場で遊びましょう。	Maglaro tayo sa sandbox/ng buhangin. マッラロ タヨ サ サンドボックス／ナン ブハンギン
◆砂をはらいましょう。	Pagpagin ang buhangin. パッパギン アン ブハンギン
◆危ない。	Ingat (Delikado). インガ（デリカド）
◆してはいけません。	Mangyaring huwag gawin. マンギャリン フワ

③食事　Pagkain　パッカイン

◆いただきます。	Salamat ho sa pagkain. サラマ ホ サ パッカイン
◆ごちそうさま。	Ang sarap, Salamat ho. アン サラップ、サラマ ホ
◆おなかがすきましたか？	Gutom ba kayo? グトム バ カヨ？
◆食事の時間ですよ。	Kakain na tayo. カカイン ナ タヨ
◆食事の前に手を洗いましょう。	Maghugas ng kamay bago kumain. マグウガス ナン カメイ バゴ クマイン

◆手をふこうね。
Punasan natin mga kamay mo ha.
プンナサン ナティン マガ カメイ モ ハ

◆お茶を飲みましょう。
Uminom tayo ng tsaa.
ウミノン タヨ ナン シャア

◆食べられないものがあったら教えてください。
Sabihan mo ako kung meron kang ayaw di makain na pagkain.
サビハン モ アコ クン メロン カン アヤウ ディ マカイン ナ パッカイン

◆口のまわりをきれいにふきましょう。
Pakipunas ng bibig/mouth mo.
パキプナス ナン ビビ／マウ モ

◆よく食べたね。
Galing. Naubos mo pagkain / food mo.
ガリング。ナウボス モ パッカイン／フード モ

◆うがいをしましょう。
Mag mumog tayo.
マグ ムモッ タヨ

◆歯磨きをしましょうね。
Mag brush/sipilyo tayo ng ating ngipin/teeth.
マグ ブラッシュ／シピリョ タヨ ナン アティン ニピン／ティース

◆片付けたら遊んでいいですよ。
Pag malinis na ang table/lamesa mo, puede ka na umalis.
パグ マリニス ナ アン テイブル／ラメサ モ、プエディ カ ナ ウマリス

◆おやつの時間ですよ。
Oras ng meryenda.
オラス ナン メリエンダ

④休憩・昼寝　Tulog Na/Time　トゥログ ナ／タイム

◆お昼寝の時間ですよ。
Matutulog na tayo.
マトゥトゥロ ナ タヨ

◆服を着替えましょう。
Palitan na natin damit natin.
パリタン ナ ナティン ダミッ ナティン

◆静かにしましょう。
ssshhh, quiet/tahimik na.
シーッ、クワイエット／タヒミック ナ

◆ふとんを敷きましょう。
Ilabas na ang mga mats/banig natin.
イラバス ナ アン マガ マッツ／バニン ナティン

◆ふとんを片付けましょう。
Itago na ang mga mats/banig natin.
イタゴ ナ アン マガ マッツ／バニン ナティン

◆目が覚めたかな。
Gising ba kayo?
ギシン バ カイヨ？

◆着替えをたたみましょう。
Ayusin natin ang mga damit natin.
アユシン ナティン アン マガ ダミッ ナティン

ダウンロードサービス （p.151 参照。本に載っていない下記の例文・単語集をダウンロードできます）

タガログ語例文

（1）保護者に対して　●行事について　●健診等
（2）子どもに対して　●保健〈保育者の問いかけ〉〈子どもが訴える症状〉　●降園時

タガログ語単語集

あいさつ／質問／家族／人間関係／設備、教材／子どもの動作／行事／時間／数字／病気・けが・症状／歯／医療／天候／色／自然・環境／動物／虫／植物／遊具・教材／記号・かたち／食品／食器　ほか

第3章

保育の場で活用できる外国語例文・単語集

英語編

(1) 保護者に対して　To the Parents (Guardians)

トゥ ザ ペアレンツ（ガーディアンズ）

①入園の時　Upon Entering Nursery School　アポン エンタリング ナーサリー スクール

◆私が園長の○○です。

My name is ○○.　I am the principal.

マイ ネーム イズ ○○。アイ アム ザ プリンスィパル

◆お子さんをお預かりできてうれしく思います。

I'm glad that your child is attending our school.

アイム グラード ザットゥ ユア チャイルド イズ アテンディング アウア スクール

◆お子さんの入るクラスは○○です。

Your child's class is ○○.

ユア チャイルズ クラース イズ ○○

◆担任は○○です。

Your child's teacher is Mr./Ms. ○○.

ユア チャイルズ ティーチャー イズ **ミスタ／ミズ** ○○

◆送り迎えは保護者の方がしてください。

Parents are responsible for taking their child to school and picking them up.

ペアレンツ アー リスポンスィブル フォー テイキング ゼア チャイルド トゥ スクール アンド ピッキング ゼム アップ

◆体質または宗教上の理由でお子さんが食べられないものがありますか？

Are there any foods which your child cannot eat for health or religious reasons?

アー ゼア エニー フーズ ホウィッチ ユア チャイルド キャナット イート フォー ヘルス オア リリージアス リーズンズ？

◆休む時、遅れる時は保育園に電話してください。

Please call the office when your child is absent or late.

プリーズ コール ザ オフィス ホエン ユア チャイルド イズ アブセント オア レイト

◆地震のあとの火災の時は、○○に避難します。

If there is a fire after an earthquake, we will evacuate to ○○.

イフ ゼア イズ ア ファイアー アフター アン アースクエイク、ウィー ウィル エバキュエイト トゥ ○○

◆地震が起こった時は、安全な限り保育園内に留まります。

If there is an earthquke, we will stay in the nursery school for as long as safety permits.

イフ ゼア イズ アン アースクエイク、ウィー ウィル ステイ イン ザ ナーサリー スクール フォー アズ ロング アズ セイフティ パーミッツ

◆すべての持ち物に名前を書いてください。

Please write your child's name on all clothes and belongings.

プリーズ ライト ユア チャイルズ ネイム オン オール クローズ アンド ビロンギングス

◆お昼寝用の布団が必要です。

Your child needs a mat (blanket) for nap time.

ユア チャイルド ニーズ ア マット（ブランケット）フォー ナップ タイム

◆今までかかった病気を教えてください。

Please give us your child's medical history.

プリーズ ギブ アス ユア チャイルズ メディカル ヒストリー

◆保護者以外の人がお迎えに来る時は連絡してください。

Call us in advance when someone else will pick up your child.

コース アス イン アドバンス ホエン サムワン エルス ウィル ピック アップ ユア チャイルド

◆わからないことや心配なことがあったら相談してください。	If you have any worries, please tell me (us). イフ ユー ハブ エニー ウォーリズ、プリーズ テル ミー（アス）
◆お子さんを何と呼んだらいいですか？	What can I call your son/daughter? ホワァット キャナイ コール ユア サン？／ドーター？
◆（乳児に対して）離乳食を食べさせていますか？	(For infants) Do you feed your child baby food? ドゥー ユー フィード ユア チャイルド ベイビー フード？
◆嫌いな食べ物はありますか？	What foods does your child dislike? ホワァット フーズ ダズ ユア チャイルド ディスライク？
◆登園は○時までにしてください。	Please come by ○ a.m. プリーズ カム バイ ○ エイエム
◆書類に必要なことを記入してください。	Please fill out this form. プリーズ フィル アウト ディス フォーム

②登園時　Upon Arrival at Nursery School　アポン アライバル アット ナーサリー スクール

◆○○ちゃんは元気ですか？	How is ○○ today? ハウ イズ ○○ トゥデイ？
◆いってらっしゃい。	Have a good day. ハブ ア グッデイ
◆○○ちゃんのお迎えの時間は何時ですか？	What time are you coming to pick○○up? ホワット タイム アー ユー カミング トゥ ピック ○○ アップ
◆○○を持ってきましたか？	Did you bring your ○○? ディッド ユー ブリング ユア ○○？
◆○○ちゃんの今日のお迎えは誰ですか？	Who is coming to pick ○○ up today? フー イズ カミング トゥ ピック ○○ アップ トゥデイ？
◆□□時までに○○ちゃんをお迎えに来てください。	Please come pick ○○ up by □□. プリーズ カム ピック ○○ アップ バイ □□．
◆朝、園に来たら○○の準備をしてください。	Please prepare ○○ when you come to school in the morning. プリーズ プリペアー ○○ ホェン ユー カム トゥ スクール イン ザ モーニング
◆○○ちゃんは朝ごはんを食べましたか？	Did ○○ eat breakfast? ディッド ○○ イート ブレックファスト？

③降園時　Leaving the Nursery School　リービング ザ ナーサリー スクール

◆○○ちゃんは今日は元気に遊んでいました。	○○ played well today. ○○ プレイド ウェル トゥディ
◆明日は○○を行います。	Tomorrow, ○○ will be held. トゥモロウ、○○ ウィル ビ ヘルド
◆○○ちゃんにお友達ができました。	○○ made some new friends today. ○○ メイド サム ニュー フレンズ トゥディ
◆おかえりなさい。	Welcome back. ウェルカム バック
◆○○ちゃんは□□ができるようになりました。	○○ can do □□ now. ○○ キャン ドゥ □□ ナウ
◆○○ちゃんは今日はあまり元気がありませんでした。	○○ was tired today. ○○ ワズ タイアード トゥディ

注：英語は、相手が男性か女性かによって言い方が変化するので、その部分は**太字**で表示しました。

◆○○ちゃんは給食を全部食べました。	○○ ate all of his/her lunch. ○○ エイト オール オブ **ヒズ／ハー** ランチ
◆○○ちゃんは昼寝ではよく眠りました。	○○ slept well during nap time. ○○ スレプト ウェル デュアリング ナップ タイム
◆○○ちゃんは昼寝をしませんでした。	○○ did not sleep well during nap time. ○○ ディド ナット スリープ ウェル デュアリング ナップ タイム
◆今日は○○を持ち帰ってください。	Please bring ○○ back today. プリーズ ブリング ○○ バックトゥディ
◆○○ちゃんは食欲がありませんでした。	○○ wasn't hungry today. ○○ ワズント ハングリー トゥディ
◆今日はお散歩に行きました。	Today we took a walk. トゥディ ウィー トゥック ア ウォーク
◆○○ちゃんの爪を切ってください。	Please cut ○○'s nails. プリーズ カット ○○ズ ネイルズ
◆○○ちゃんが転んで傷をつくったので、手当てをしました。	○○ fell and hurt himself/herself, so we took care of him/her. ○○ フェル アンド ハート **ヒムセルフ／ハーセルフ**、ソウ ウィー トゥック ケア オブ **ヒム／ハー**

④保健について　Concerning Health　コンサーニング ヘルス

〈入園時〉Upon Entering Nursery School　アポン エンタリング ナーサリー スクール

◆現在、お子さんは健康ですか？	How is your child's health now? ハウ イズ ユア チャイルズ ヘルス ナウ
◆お子さんは○○という病気にかかったことはありますか？	Has your child ever had ○○? ハズ ユア チャイルド エバー ハドゥ ○○？
◆お子さんは○○の予防接種を受けましたか？	Has your child been immunized for ○○? ハズ ユア チャイルド ビーン イミュナイズド フォー ○○？
◆母子健康手帳は持っていますか？	Do you have a Maternal and Child Health Handbook? ドゥ ユー ハブ ア マターナル アンド チャイルド ヘルス ハンドブック？
◆かかりつけの病院を教えてください。	Please tell me the name of your hospital. プリーズ テル ミー ザ ネイム オブ ユア ホスピタル
◆お子さんは大きな病気やけがで入院したことはありますか？	Has your child ever been admitted to a hospital for a serious illness or injury? ハズ ユア チャイルド エバー ビーン アドミティッド トゥ ア ホスピタル フォー ア スィアリアス イルネス オー インジュアリー？
◆お子さんはアレルギーはありますか？	Does your child have any allergies? ダズ ユア チャイルド ハブ エニー アラジーズ？
◆お子さんは何か持病を持っていますか？	Does your child have a chronic illness? ダズ ユア チャイルド ハブ ア クロニック イルネス？
◆お子さんの平熱は何度ですか？	What is your child's average body temperature? ホワァット イズ ユア チャイルズ アベレジ ボディ テンパラチャー？

〈保育園で病気になった時、けがをした時の連絡〉
Notification of Illness or Injury at Nursery School
ノーティフィケーション オブ イルネス オア インジュアリー アット ナーサリー スクール

◆こちら○○保育園です。	This is ○○ Nursery School. ディス イズ ○○ ナーサリー スクール .
◆○○さんですか？	Hello, is this Mr./Ms. ○○? ヘロー、イズ ディス **ミスタ／ミズ** ○○？
◆○○ちゃんの具合が悪いです。	○○ is ill. ○○ イズ イル
◆○○ちゃんの熱が 37 度(38 度、39 度、40 度）あります。	○○'s temperature is 37℃/38℃/39℃/40℃. ○○ズ テンパラチャー イズ サーティセブン（サーティエイト／サーティナイン／フォーティ）ディグリー セティグレード
◆すぐに○○ちゃんのお迎えに来てください。	Please come to pick ○○ up as soon as possible. プリーズカムトゥピックアップ○○アズスーナズポシブル
◆○○ちゃんが○○をけがしました。	○○ has injured his/her □□. ○○ ハズ インジュアド **ヒズ／ハー** □□
◆○○ちゃんが○○が痛いと言っています。	○○ says his/her □□ hurts. ○○ セズ **ヒズ／ハー** □□ ハーツ
◆○○ちゃんが～を△針、縫いました。	○○ had △ stitches in his/her ~ . ○○ ハッド スティチス イン **ヒズ／ハー** □□
◆○○ちゃんが下痢を△回しています。	○○ has had diarrhea △ times. ○○ ハズ ハッド ダイアリア △ タイムズ
◆○○ちゃんが△回吐いています。	○○ has vomited △ times. ○○ ハズ ボウミッティド △ タイムズ
◆○○ちゃんが□□を骨折しました。	○○ has broken his/her □□. ○○ ハズ ブロウクン **ヒズ／ハー** □□ .
◆○○ちゃんが□□を脱臼しました。	○○ has dislocated his/her □□. ○○ ハズ ディスロケイティッド **ヒズ／ハー**
◆○○ちゃんが□□を捻挫しました。	○○ has sprained his/her □□. ○○ ハズ スプレインド **ヒズ／ハー** □□
◆○○ちゃんに発疹ができています。	○○ has a rash. ○○ ハズ ア ラッシュ
◆○○ちゃんに目やにが出ています。	○○ has discharge from his/her eyes. ○○ ハズ ディスチャージ フロム **ヒズ／ハー** アイズ
◆○○ちゃんに耳だれが出ています。	○○ has discharge from his/her ears. ○○ ハズ ディスチャージ フロム **ヒズ／ハー** イアーズ
◆○○ちゃんがひきつけを起こしました。	○○ had convulsions. ○○ ハッド コンバルションズ
◆○○ちゃんの目が赤くなっています。	○○'s eye(s) is (are) red. ○○ズ アイ（ズ）イズ（アー）レッド
◆○○ちゃんを医者に診てもらってください。	Please take ○○ to a doctor. プリーズ テイク ○○ トゥ ア ドクター
◆○○ちゃんは○○病院で手当てを受けました。	○○ was treated at □□ hospital. ○○ ワズ トゥリーティド アット ホスピタル
◆医者に○○ちゃんは□□という病気だと言われました。	The doctor said ○○ has □□ (illness). ザ ドクター セッド ○○ ハズ □□（イルネス）

からだの部位　Parts of the Body　パーツ オブ ザ ボディ

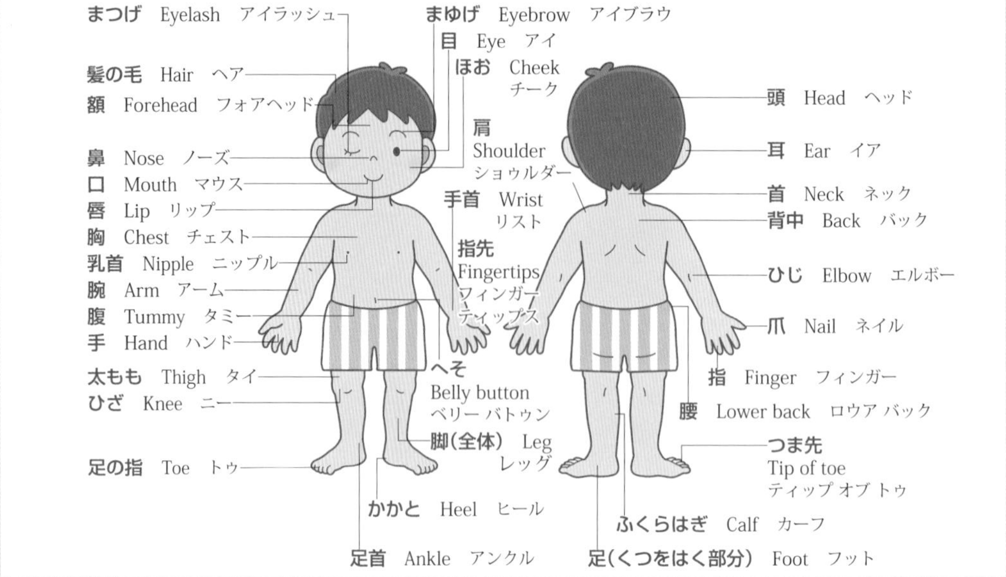

◆○○ちゃんの体調がよくありません。	○○'s health is not as good as usual. ○○ズ ヘルス イズ ナット アズ グッド アズ ユージュアル
◆健康保険証を持っていますか？	Do you have your health insurance cetificate? ドゥー ユー ハブ ユア ヘルス インシュアランス サーティフィケイト
◆健康保険証を病院に提出してください。	Please submit your health insurance certificate to the hospital. プリーズ サブミット ユア ヘルス インシュアランス サーティフィケイト
◆お大事に。	Take care. テイク ケア

〈病気の後で登園した時〉　Upon Arrival at Nursery School after an Illness
アポン アライバル アット ナーサリー スクール アフタ アン イルネス

◆○○ちゃんの熱は下がりましたか？	Did ○○'s fever go down? ディッド ○○ズ フィーバー ゴー ダウン？
◆○○ちゃんの薬はなるべく家で飲ませてください。	Please give ○○ medicine at home. プリーズ ギブ ○○ メディスィン アット ホーム
◆○○ちゃんは食欲はありますか？	How is ○○'s appetite? ハウ イズ ○○ズ アピタイト？
◆医者は○○ちゃんが登園してもよいと言っていましたか？	Did the doctor say it's okay for ○○ to return to school? ディッド ザ ドクタ セイ イッツ オーケー フォー ○○ トゥ リターン トゥ スクール？
◆○○という病気にかかった場合は、医者の登園許可書を提出してください。	Before returning to school, we need written permission from your doctor for ○○. ビフォア リターニング トゥ スクール、ウィ ニード リトゥン パーミッション フロム ユア ドクター フォー ○○
◆○○ちゃんの傷は治りましたか？	Has ○○'s injury healed? ハズ ○○ ズ インジュアリー ヒールド？

◆薬の容器に○○ちゃんの名前と飲む時間を書いておいてください。
Please write ○○'s name and dosage instructions (the exact time when the medicine should be given) on the medicine container.
プリーズ ライト ○○ズ ネイム アンド ドゥスィジ インストラクションズ（ジ イグザクト タイム ホエン ザ メディスィン シュッド ビー ギブン）オン ザ メディスィン コンテイナー

◆○○ちゃんは元気になりましたか？
Is ○○ better now?
イズ ○○ ベター ナウ？

◆○○ちゃんの病気／けがが治ってよかったですね。
We're glad that ○○'s illness/injury is all better.
ウィアー グラード ザット ○○ズ イルネス／インジュアリー イズ オール ベター

(2) 子どもに対して　To Children　トゥ チルドレン

①登園時　Upon Arrival at Nursery School　アポン アライバル アット ナーサリー スクール

◆出席シールをはりましょう。
Put on today's attendance sticker.
プットン トゥデイズ アテンダンス スティッカー

◆靴は靴箱に入れましょう。
Put your shoes on the shoe shelf.
プット ユア シューズ オン ザ シューシェルフ

◆持ち物はロッカーに入れましょう。
Put your things in your locker.
プット ユア ティングス イン ユア ロッカー

◆タオルやおたより帳はここに置きましょう。
Put your towel and notebook here.
プウトユアタオルアンドノウトブックヒア

◆友達と一緒に遊びましょう。
Let's go play with the other children.
レッツ ゴー プレイ ウィズ ズィ アザー チルドレン

◆気持ちが悪くなったら教えてね。
Tell me if you don't feel well.
テル ミー イフ ユー ドント フィール ウェル

◆泣かないでね。
Please don't cry.
プリーズ ドント クライ

②遊び　Play　プレイ

◆片付けをしましょう。
Clean up time!
クリーナップ タイム！

◆外に出て遊びましょう。
Let's play outside.
レッツ プレイ アウト サイド

◆お部屋で遊びましょう。
Let's play inside.
レッツ プレイ インサイド

◆お部屋に入りましょう。
Let's go inside.
レッツ ゴー インサイド

◆手をつなぎましょう。
Let's hold hands.
レッツ ホウルド ハンズ

◆こっちにおいで。
Come here, please.
カム ヒア、プリーズ

◆靴をはきかえましょう。
Change your shoes, please.
チェンジ ユア シューズ、プリーズ

◆仲直りしましょうね。	Let’s be friends again. レッツ ビー フレンズ アゲイン
◆えらいね。	Wonderful! / Thats great! ワンダフル！／ザッツ グレート！
◆よくできました。	Well done! ウェル ダン！
◆とっても上手ね。	That’s super! You did that well. ザッツ スーパー！ ユー ディッド ザット ウェル
◆先生のお話をよく聞いてね。	Please listen. プリーズ リッスン
◆一緒にやってみましょう。	Let’s do it together. レッツ ドゥー イット トゥギャザ
◆もう一度しましょう。	Let’s do it again. レッツ ドゥー イット アゲイン
◆○○を作りましょう。	Let’s make a ○○. レッツ メイク ア ○○
◆私が言ったことがわかりますか？	Do you understand? ドゥー ユー アンダースタンド？
◆約束しましょう。	Can you promise me? キャン ユー プロミス ミー？
◆ちょっと待ってね。	Just a minute, please / Please wait a minute. ジュスト ア ミニット、プリーズ／プリーズ ウエイト ア ミニット
◆危ない。	Watch out. (It’s dangerous.) ウォッチ アウト（イッツ デインジャラス）
◆してはいけません。	Please don’t do that. (You shouldn’t do that. / That’snot nice.) プリーズ ドント ドゥー ザット（ユー シュドゥント ドゥーザット／ザッツ ナット ナイス）

③食事　Mealtime　ミールタイム

◆いただきます。	Thank you for this food. サンキュ フォー ディス フード
◆ごちそうさま。	That was good, thank you. ザット ワズ グッド、サンキュ
◆おなかがすきましたか？	Are you hungry? アー ユー ハングリー？
◆食事の時間ですよ。	It’s time to eat. イッツ タイム トゥ イート
◆食事の前に手を洗いましょう。	Wash your hands before eating. ウォシュ ユア ハンズ ビフォー イーティング
◆手をふこうね。	Let’s wipe our hands. レッツ ワイプ アウア ハンズ
◆お茶を飲みましょう。	Let’s drink some tea. レッツ ドリンク サム ティー
◆よくかんで食べましょう。	Chew well before swallowing. チュウ ウェル ビフォー スワロウィウング

◆食べられないものがあったら教えてください。
Please tell me if ther are any foods you cant eat.
プリーズ テル ミー イフ ゼア アー エニー フーズ ユー キャント イート

◆口のまわりをきれいにふきましょう。
Wipe your mouth, please.
ワイプ ユア マウス、プリーズ

◆よく食べたね。
Great! You finished your food!
グレート！　ユー フィニッシュト ユア フード！

◆うがいをしましょう。
Let’s gargle.
レッツ ガーグル

◆歯磨きをしましょうね。
Brush your teeth, please.
ブラッシュ ユア ティース、プリーズ

◆片付けたら遊んでいいですよ。
When your table is clean, you may go and play.
ホエン ユア テーブル イズ クリーン、ユー メイ ゴー アンド プレイ

◆おやつの時間ですよ。
Snack time.
スナック タイム

④休憩・昼寝　Rest, Nap Time　レスト、ナップ タイム

◆お昼寝の時間ですよ。
It’s nap time.
イッツ ナップ タイム

◆服を着替えましょう。
Let's change our clothes.
レッツ チェンジ アウア クローズ

◆静かにしましょう。
Shh. Let's be quiet.
シーッ。レッツ ビー クワイエット

◆ふとんを敷きましょう。
Let's put out our mats.
レッツ プット アウト アウア マッツ

◆ふとんを片付けましょう。
Let’s put away our mats.
レッツ プット アウェイ アウア マッツ

◆目が覚めたかな。
Are you awake?
アー ユー アウェイク？

◆着替えをたたみましょう。
Let's fold our clothes.
レッツ フォウルド アウア クロウズ

ダウンロードサービス（p.151 参照。本に載っていない下記の例文・単語集をダウンロードできます）

英語例文

（1）保護者に対して　●行事について　●健診等

（2）子どもに対して　●保健〈保育者の問いかけ〉〈子どもが訴える症状〉　●降園時

英語単語集

あいさつ／質問／家族／人間関係／設備、教材／子どもの動作／行事／時間／数字／病気・けが・症状／歯／医療／天候／色／自然・環境／動物／虫／植物／遊具・教材／記号・かたち／食品／食器　ほか

第3章

保育の場で活用できる外国語例文・単語集

スペイン語編

(1) 保護者に対して Con respecto a los padres コン レスペクト ア ロス パドレス

①入園の時 En el día de ingreso al parvulario エン エル ディア デ イングレソ アル パルブラリオ

◆私が園長の○○です。	Yo soy ○○, Director (a) del Parvulario. ヨ ソイ○○、ディレクト**ル(ラ)** デル パルブラリオ
◆お子さんをお預かりできてうれしく思います。	Me da mucho gusto poder hacerme cargo de su hijo (a). メ ダ ムチョ グスト ポデル アセルメ カルゴ デ ス **イホ(ハ)**
◆あなたのお子さんの保育時間は、平日（土曜日）は○○時から○○時です。	El horario de atención a su hijo (a) es en días hábiles (sábado) de ○○ a ○○ hs. エル オラリオ デ アテンシオン ア ス **イホ(ハ)** エス エン ディアス アビレス (サバド) デ○○ ア ○○オラス
◆お子さんの入るクラスは○○です。	El nombre de la clase en que ingresará su hijo (a) es ○○. エル ノンブレ デ ラ クラセ エン ケ イングレサラー ス **イホ(ハ)** エス○○
◆担任は○○です。	La persona a cargo se llama ○○. ラ ペルソナ ア カルゴ セ ジャマ○○
◆送り迎えは保護者の方がしてください。	Le rogamos que sean los padres en persona los que traen o recogen a los niños. レ ロガモス ケ セアン ロス パドレス エン ペルソナ ロス ケ トラエン オ レコヘン ア ロス ニーニョス
◆体質または宗教上の理由でお子さんが食べられないものがありますか？	¿Hay alguna cosa que no pueda comer su hijo (a) por motivos de salud o religiosos? アイ アルグナ コーサ ケ ノ プエダ コメル ス **イホ(ハ)** ポル モティボス デ サルー オ レヒオソス？
◆休む時、遅れる時は保育園に電話してください。	Cuando el hijo (a) vaya a faltar o a llegar tarde al parvulario, haga el favor de avisar. クアンド エル **イホ(ハ)** バヤ ア ファルタル オ ア ジェカル タルデ アル パルブラリオ、アガ エル ファボル デ アビサル
◆地震のあとの火災の時は、○○に避難します。	Para proteger a los niños contra los incendios que se desatan tras los terremotos, los refugiaremos en ○○. パラ プロテヘル ア ロス ニーニョス コントラ ロス インセンディオス ケ セ デサタン トラス ロス テレモトス、ロス レフヒアレモス エン○○
◆地震が起こった時は、安全な限り保育園内に留まります。	Cuando ocurre un terremoto, el parvulario suspende sus funciones hasta donde lo permita la seguridad. クアンド オクーレ ウン テレモト、エル パルブラリオ ススペンデ スス フンシオネス アスタ ドンデ ロ ペルミタ ラ セグリダ
◆すべての持ち物に名前を書いてください。	Por favor escriba el nombre del hijo (de la hija) en todas sus pertenencias. ポル ファボール エスクリバ エル ノンブレ **デル イホ(デラ イハ)** エン トダス スス ペルテネンシアス
◆お昼寝用の布団が必要です。	Es necesario un “futón” para la siesta. エス ネセサリオ ウン フトン パラ ラ シエスタ

◆今までかかった病気を教えてください。	Dígame por favor qué enfermedades ha padecido su hijo (a) hasta la fecha. ディガメ ポル ファボル ケー エンフェルメダデス アー パデシド ス **イホ**(**ハ**) アスタ ラ フェチャ
◆保護者以外の人がお迎えに来る時は連絡してください。	Cuando venga a recoger al niño una persona diferente a sus padres, haga el favor de informarlo. クアンド ベンガ ア レコヘル アル ニーニョ ウナ ペルソナ ディフェレンテ ア スス パドレス、アガ エル ファボール デ インフォルマルロ
◆わからないことや心配なことがあったら相談してください。	Si tiene alguna duda o preocupación, haga el favor de solicitar asesoramiento. シ ティエネ アルグナ ドゥダ オ プレオクパシオン、アガ エル ファボール デ ソリシタル アセソラミエント
◆お子さんを何と呼んだらいいですか？	¿Cómo debemos, llamar a su hijo (a)? コモ デベモス ジャマル ア ス **イホ**(**ハ**)？
◆（乳児に対して）離乳食を食べさせていますか？	(Para los lactantes) ¿Está comiendo alimentos de destete? (パラ ロス ラクタンテス) エスタ コミエンド アリメントス デ デステテ？
◆嫌いな食べ物はありますか？	¿Hay algún tipo de comida que le disguste? アイ アルグン ティポ デ コミダ ケ レ ディスグステ？
◆登園は○時までにしてください。	Haga el favor de traer a su hijo (a) al parvulario antes de las ○ horas. アガ エル ファボール デ トラエル アス **イホ**(**ハ**) アル パルブラリオ アンテス デ ラス ○ オラス
◆書類に必要なことを記入してください。	Por favor escriba lo indispensable en el documento. ポル ファボル エスクリバ ロ インディスペンサブレ エン エル ドクメント

②登園時　Al llegar al parvulario　アル リェガル アル パルブラリオ

◆お子さんは元気ですか？	¿Se siente bien su hijo (a)? セ シエンテ ビエン ス **イホ**(**ハ**)？
◆いってらっしゃい。	Hasta luego. アスタ ルエゴ。
◆お迎えの時間は何時ですか？	¿A qué hora vendrá a recoger a su hijo (a)? ア ケ オラ ベンドラー ア レコヘル ア ス **イホ**(**ハ**)？
◆○○を持ってきましたか？	¿Trajo ○○？ トラホ ○○？
◆今日のお迎えは誰ですか？	¿Quién viene a recoger hoy a su hijo (a)? ギエン ビエネ ア レコヘル オイ ア ス **イホ**(**ハ**)？
◆○○時までにお迎えに来てください。	Por favor venga a recoger a su hijo (a) hasta las ○○ horas. ポル ファボル ベンガ ア レコヘル ア ス **イホ**(**ハ**) アスタ ラス ○○オラス
◆朝、園に来たら○○の準備をしてください。	Haga el favor de preparar ○○ al llegar al parvulario por la mañana. アガ エル ファボル デ プレパラル ○○ アル リェガル アル パルブラリオ ポル ラ マニャナ
◆お子さんは朝ごはんを食べましたか？	¿Desayunó su hijo (a)? デサユノー ス **イホ**(**ハ**)？

注：スペイン語は、相手が男性か女性か、あるいは次に来る単語が男性名詞か女性名詞かなどによって前置詞や語尾が変化するので、その部分は**太字**で表示しました。女性の場合はカッコ内の言い方になります。（例）ディレクト**ル**(**ラ**)→相手が男性の時はディレクトル、女性の時はディレクトラ。

③降園時　Al salir del parvulario　アル サリル デル パルブラリオ

◆今日は元気に遊んでいました。
Hoy estuvo jugando muy contento.
オイ エストゥボ フガンド ムイ コンテント

◆明日は○○を行います。
Mañana habrá ○○.
マニャナ アブラー ○○

◆お友達ができました。
Ya tiene amigos.
ヤ ティエネ アミゴス

◆おかえりなさい。
Qué bien que ya está de vuelta.
ケー ビエン ケ ヤ エスター デ ブエルタ

◆○○ができるようになりました。
Aprendió a hacer ○○.
アプレンディオー ア アセル ○○

◆今日はあまり元気がありませんでした。
Hoy no estuvo muy animado.
オイ ノ エストゥボ ムイ アニマド

◆給食を全部食べました。
Se comió toda su ración de alimentos.
セ コミオー トダ ス ラスィオン デ アリメントス

◆昼寝ではよく眠りました。
Durmió bien la siesta.
ドゥルミオー ビエン ラ シエスタ

◆昼寝をしませんでした。
No durmió la siesta.
ノ ドゥルミオー ラ シエスタ

◆今日は○○を持ち帰ってください。
Haga el favor de llevarse hoy ○○ a casa.
アガ エル ファボル デ リェバルセ オイ ○○ ア カサ

◆食欲がありませんでした。
No tuvo apetito.
ノ トゥボ アペティト

◆今日はお散歩に行きました。
Hoy fuimos de paseo.
オイ フイモス デ パセオ

◆お子さんの爪を切ってください。
Haga el favor de cortar las uñas de su hijo (a).
アガ エル ファボル デ コルタル ラス ウニャス デ ス イホ(ハ)

◆お子さんが転んで傷をつくったので、手当てをしました。
Su hijo (a) se cayó y se hizo una herida que ya le curamos.
ス イホ(ハ) セ カヨー イ セ イソ ウナ エリダ ケ ヤ レ クラモス

④保健について　Seguro de salud　セグロ デ サルー

〈入園時〉　En el día de la matrícura　エン エル ディア デ ラ マトリックラ

◆現在、お子さんは健康ですか？
¿Se encuentra bien su hijo (a) en estos momentos?
セ エンクエントラ ビエン ス イホ(ハ) エン エストス モメントス？

◆お子さんは○○という病気にかかったことはありますか？
¿Ha padecido su hijo (a) la enfermedad llamada ○○?
ア パデスィド ス イホ(ハ) ラ エンフェルメダ リャマダ ○○？

◆お子さんは○○の予防接種を受けましたか？
¿Sometió su hijo (a) a vacunación ○○?
ソメティオー ズ イホ(ハ) ア バクナスィオン ○○？

◆母子健康手帳は持っていますか？
¿Tiene Libreta de Salud Materno-Infantil?
ティエネ リブレタ デ サルー マテルノ・インファンティル？

◆かかりつけの病院を教えてください。
Dígame por favor el nombre del hospital que lo atiende.
ディガメ ポル ファボル エル ノンブレ デル オスピタル ケ ロ アティエンデ？

◆お子さんは大きな病気やけがで入院したことはありますか？
¿Ha sido hospitalizado su hijo (a) a causa de enfermedad o lesión grave?
アー スィド オスピタリサド ス イ**ホ**(**ハ**) ア カウサ デ エンフェルメダ オ レスィオン グラベ？

◆お子さんはアレルギーはありますか？
¿Padece su hijo (a) alguna alergia?
パデセ ス イ**ホ**(**ハ**) アルグナ アレルヒア？

◆お子さんは何か持病を持っていますか？
¿Padece su hijo (a) alguna enfermedad crónica?
パデセ ス イ**ホ**(**ハ**) アルグナ エンフェルメダ クロニカ？

◆お子さんの平熱は何度ですか？
¿Cuál es la temperatura promedio de su hijo (a)?
クアル エス ラ テンペラトゥラ プロメディオ デ ス イ**ホ**(**ハ**)？

〈保育園で病気になった時、けがをした時の連絡〉
Comunicación cuando se enferma su hijo (a) en el Parvulario o cuando resulta herido
コムニカスィオン クアンド セ エンフェルマ ス イ**ホ**(**ア**) エン エル パルブラリオ オ クアンド レスルタ ヘリド

◆こちら○○保育園です。
Este es el Parvulario ○○.
エステ エス エル パルブラリオ○○

◆○○さんですか？
¿Es usted el Sr. (la Sra.) ○○？
エス ウステ **エル セニョル**(**ラ セニョラ**) ○○

◆お子さんの具合が悪いです。
Su hijo (a) se encuentra mal (a).
ス イ**ホ**(**ハ**) セ エンクエントラ マ**ル**(**ラ**)

◆お子さんの熱が37度（38度、39度、40度）あります。
Su hijo (a) tiene 37℃ (38℃ , 39℃ , 40℃).
ス イ**ホ**(**ハ**) ティエネ トレインタ イ スィエテ グラド(トレインタ イ オチョ グラド、トレインタ イ ヌエベ グラド、クアレンタ グラド)

◆すぐお迎えに来てください。
Venga a recogerlo inmediatamente.
ベンガ ア レコヘルロ インメディアタメンテ

◆お子さんが○○をけがしました。
Su hijo (a) se hirió en ○○.
ス イ**ホ**(**ハ**) セ イリオー エン ○○

◆お子さんが○○が痛いと言っています。
Su hijo (a) dice que le duele ○○.
ス イ**ホ**(**ハ**) ディセ ケ レ ドゥエレ ○○

◆お子さんが○○を△針、縫いました。
Su hijo (a) tuvo ○○ y le cosieron △ con aguja.
ス イ**ホ**(**ハ**) トゥボ ○○ イ レ コスィエロン△コン アグハ

◆お子さんが下痢を△回しています。
Su hijo (a) tuvo diarrea ○○ veces.
ス イ**ホ**(**ハ**) トゥボ ディアレア ○○ ベセス

◆お子さんが△回吐いています。
Su hijo (a) tuvo vómito ○○ veces.
ス イ**ホ**(**ハ**) トゥボ ボーミト ○○ ベセス

◆お子さんが骨折しました。
Su hijo (a) se fracturó un hueso.
ス イ**ホ**(**ハ**) セ フラクトゥロー ウン ウエソ

◆お子さんが脱臼／捻挫しました。
Su hijo (a) tuvo una luxación/contusión.
ス イ**ホ**(**ハ**) トゥボ ウナ ルクサスィオン／コントゥスィオン

◆お子さんに発疹ができています。
Su hijo (a) le dio eczema.
ス イ**ホ**(**ハ**) レ ディオー エクセマ

◆お子さんに目やに／耳だれが出ています。
Su hijo (a) le salen legañas/tiene otorrea.
ス イ**ホ**(**ハ**) レ サレン レガニャス／ティエネ オトレーア

からだの部位　Partes del cuerpo　パルテス デル クエルポ

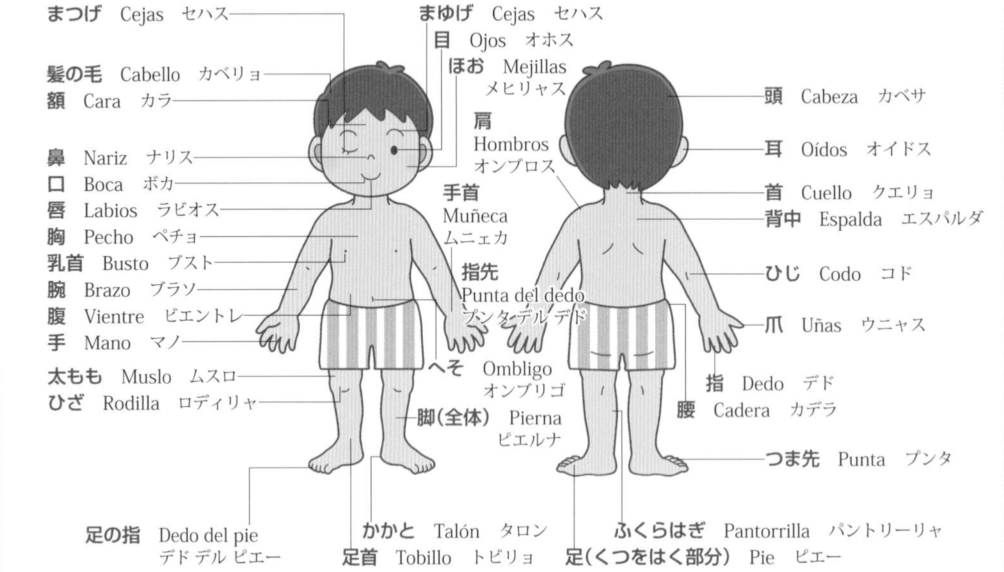

◆**お子さんがひきつけを起こしました。**	Su hijo (a) tiene convulsiones. ス **イホ**(**ハ**) ティエネ コンブルスィオネス
◆**お子さんの目が赤くなっています。**	Se le han puesto rojos los ojos a su hijo (a). セ レ アン プエスト ロホス ロス オホス ア ス **イホ**(**ハ**)
◆**医者に診てもらってください。**	Tuvo que ser atendido por el médico. トゥボ ケ セル アテンディド ポル エル メディコ
◆**お子さんは○○病院で手当てを受けました。**	Su hijo (a) recibió atención médica en el hospital ○○. ス **イホ**(**ハ**) レスィビオー アテンスィオン メディカ エン エル オスピタル ○○
◆**医者に、お子さんは○○という病気だと言われました。**	El médico dijo que su hijo (a) tenía una enfermedad llamada ○○. エル メディコ ディホ ケ ス **イホ**(**ハ**) テニア ウナ エンフェルメダ リャマダ ○○
◆**お子さんの体調がよくありません。**	Su hijo (a) no está en buena condición física. ス **イホ**(**ハ**) ノ エスター エン ブエナ コンディスィオン フィスィカ
◆**健康保険証を持っていますか？**	Tiene el carnet del seguro de salud? ティエネ エル カルネ デル セグロ デ サルー？
◆**健康保険証を病院に提出してください。**	Presente por favor en el hospital su carnet del seguro de salud. プレセンテ ポル ファボル エン エル オスピタル ス カルネ デル セグロ デ サルー
◆**お大事に。**	Espero que se alivie pronto. エスペロ ケ セ アリビエ プロント

〈病気の後で登園した時〉　Cuando vuelve al Parvulario después de la enfermedad
クアンド ブエルベ アル パルブラリオ デスプエス デ ラ エンフェルメダ

◆**お子さんの熱は下がりましたか？**	¿Le bajó la fiebre de su hijo (a)? レ バホーラ フィエブレデ ス **イホ**(**ハ**)
◆**薬はなるべく家で飲ませてください。**	Por favor, trate de darle la medicina a su hijo (a) en su casa. ポル ファボル、トラテ デ ダルレ ラ メディスィナ ア ス **イホ**(**ハ**) エン ス カサ

◆お子さんは食欲はありますか？
¿Tiene apetito su hijo (a)?
ティエネ アペティト ス **イホ(ハ)** ？

◆医者は登園してもよいと言っていましたか？
¿Dijo el médico que ya puede asistir al Parvulario?
ディホ エル メディコ ケ ヤ プエデ アシスティル アル パラブラリオ？

◆○○という病気にかかった場合は、医者の登園許可書を提出してください。
Si su hijo (a) se enfermó de ○○, entonces tiene usted que obtener una autorización del médico por escrito.
スィ ス **イホ(ハ)** セ エンフェルモー デ ○○、エントンセス ティエネ ウステ ケ オブテネル ウナ アウトリサシオン デル メディコ ポル エスクリト

◆お子さんの傷は治りましたか？
¿Ya sanó la herida de su hijo (a)?
ヤ サノー ラ エリダ デ ス **イホ(ハ)**？

◆薬の容器にお子さんの名前と飲む時間を書いておいてください。
Haga el favor de escribir en el envase de la medicina el nombre de su hijo (a) y las horas en que debe tomarla.
アガ エル ファボル デ エクスリビル エン エル エンバセ デ ラ メディスィナ エル ノンブレ デ ス **イホ(ハ)** イ ラス オラス エン ケ デベ トマルラ

◆お子さんは元気になりましたか？
¿Ya está bien su hijo (a)?
ヤ エスター ビエン ス **イホ(ハ)**

◆お子さんの病気／けがが治ってよかったですね。
Qué bueno que ya sanó de la enfermedad/la herida de su hijo (a).
ケ ブエノ ケ ヤ サノー デ ラ エンフェルメダ / ラ エリダ デ ス **イホ(ハ)**？

(2) 子どもに対して　Con respecto al niño　コン レスペクト アル ニーニョ

①登園時　Al llegar al Parvulario　アル リェガル アル パルブラリオ

◆出席シールをはりましょう。
Estampa el sello de asistencia.
エスタンパ エル セリョ デ アスィステンシア

◆靴は靴箱に入れましょう。
Pon los zapatos en el estante correspondiete.
ポン ロス サパトス エン エル エスタンテ コレスポンディエンテ

◆持ち物はロッカーに入れましょう。
Mete tus cosas en la gaveta.
メテ トウス コサス エン ラ ガベタ

◆タオルやおたより帳はここに置きましょう。
Coloca aquí la toalla y la libreta de avisos.
コロカ アキー ラ トアリャ イ ラ リブレタ デ アビソス

◆友達と一緒に遊びましょう。
Juega con tus amiguitos.
フエガ コン トウス アミギトス

◆気持ちが悪くなったら教えてね。
Cuando te sientas mal, avísame.
クアンド テ スィエンタス マル、アビサメ

◆泣かないでね。
No vayas a llorar ¿eh?
ノ バヤス ア ヨラル、エ？

②遊び　Juegos　フエゴス

◆片付けをしましょう。
Vamos a poner las cosas en orden.
バモス ア ポネル ラス コサス エン オルデン

◆外に出て遊びましょう。
Vamos a jugar afuera.
バモス ア フガル アフエラ

◆お部屋で遊びましょう。
Vamos a jugar dentro del salón.
バモス ア フガル デントロ デル サロン

◆お部屋に入りましょう。
Entremos al salón.
エントレモス アル サロン

◆手をつなぎましょう。
Démonos las manos.
デーモノス ラス マノス

◆こっちにおいで。
Ven aquí.
ベン アキー

◆靴をはきかえましょう。
Vamos a cambiarnos los zapatos.
バモス ア カンビアルノス ロス サパトス

◆仲直りしましょうね。
Vamos a hacer las paces.
バモス ア アセル ラス パセス

◆えらいね。
¡Bravo!
ブラボ！

◆よくできました。
¡Bien hecho!
ビエン エチョ！

◆とっても上手ね。
¡Eres muy hábil!
エレス ムイ アビル！

◆先生のお話をよく聞いてね。
Cuéntale a la maestra.
クエンタレ ア ラ アエストラ

◆一緒にやってみましょう。
Vamos a hacerlo juntos.
バモス ア アセルロ フントス

◆もう一度しましょう。
Vamos a hacerlo otra vez.
バモス ア アセルロ オトラ ベス

◆○○を作りましょう。
Vamos a hacer ○○.
バモス ア アセル ○○

◆私が言ったことがわかりますか？
¿Entendieron lo que dije?
エンテンディエロン ロ ケ ディヘ？

◆約束しましょう。
Hagamos un pacto.
アガモス ウン パクト

◆ちょっと待ってね。
Espera un momento ¿eh?
エスペラ ウン モメント、エ？

◆危ない。
¡Peligro!
ペリグロ！

◆してはいけません。
No se debe hacer eso.
ノ セ デベ アセル エソ

③食事　Comida　コミダ

◆いただきます。
¡Con permiso (al comenzar a comer).
コン ペルミソ（アル コメンサル ア コメル）！

◆ごちそうさま。
¡Gracias por el convite!
グラシアス ポル エル コンビテ！

◆おなかがすきましたか？
¿Ya tienes hambre?
ヤ ティエネス アンブレ？

◆食事の時間ですよ。
¡Es hora de comer!
エス オラ デ コメル！

◆食事の前に手を洗いましょう。　Vamos a lavarnos las manos antes de comer.
バモス ア ラバルノス ラス マノス アンテス デ コメル

◆手をふこうね。　Límpiate las manitas.
リンピアテ ラス マニタス

◆お茶を飲みましょう。　Vamos a beber té japonés.
バモス ア ベベル テー ハポネース

◆よくかんで食べましょう。　Mastica bien tu comida.
マスティカ ビエン トゥ コミダ

◆食べられないものがあったら教えてください。　Si hay algo que no puedas comer, dímelo por favor.
スィ アイ アルゴ ケ ノ プエダス コメル、ディメロ ポル ファボル

◆口のまわりをきれいにふきましょう。　Límpiate bien alrededor de la boca.
リンピアテ ビエン アルレデドル デ ラ ボカ

◆よく食べたね。　¡Qué bien comiste!
ケ ビエン コミステ！

◆うがいをしましょう。　Haz gárgaras.
アス ガールガラス

◆歯磨きをしましょうね。　Vamos a lavarnos los dientes ¿no?
バモス ア ラバルノス ロス ディエンテス、ノ？

◆片付けたら遊んでいいですよ。　Puedes jugar, pero antes tienes que limpiar.
プエデス フガル、ペロ アンテス ティエネス ケ リンピアル

◆おやつの時間ですよ。　¡Ya es hora del refrigerio!
ヤ エス オラ デル レフリヘリオ！

④休憩・昼寝　Descanso y siesta　デスカンソ イ シエスタ

◆お昼寝の時間ですよ。　¡Ya es hora de la siesta!
ヤ エス オラ デ ラ シエスタ！

◆服を着替えましょう。　Cámbiate de ropa.
カンビアテ デ ロパ

◆静かにしましょう。　Silencio, por favor.
スィレンスィオ、ポル ファボル

◆ふとんを敷きましょう。　Vamos a tender los futones.
バモス ア テンデル ロス フトネス

◆ふとんを片付けましょう。　Vamos a recoger los futones.
バモス ア レコヘル ロス フトネス

◆目が覚めたかな。　¿Ya te despertaste?
ヤ テ デスペルタステ？

◆着替えをたたみましょう。　Dobla tu ropa.
ドブラ トゥ ロパ

ダウンロードサービス（p.151 参照。本に載っていない下記の例文・単語集をダウンロードできます）

スペイン語例文

（1）保護者に対して　●行事について　●健診等

（2）子どもに対して　●保健〈保育者の問いかけ〉〈子どもが訴える症状〉　●降園時

スペイン語単語集

あいさつ／質問／家族／人間関係／設備、教材／子どもの動作／行事／時間／数字／病気・けが・症状／歯／医療／天候／色／自然・環境／動物／虫／植物／遊具・教材／記号・かたち／食品／食器　ほか

執筆者一覧

●編著者

社会福祉法人日本保育協会
咲間まり子（函館短期大学教授）

●著　者〔第１章分担〕

咲間まり子（上掲）　第１章1、第１章３［１］解説、第１章３［２］解説
堀田正央（埼玉学園大学教授）　第１章２［１］・コラム
中野明子（福島学院大学講師）　第１章２［２］・コラム
品川ひろみ（札幌国際大学教授）　第１章２［３］・コラム
竹内公子（認定こども園昭和保育園園長）　第１章３［１］
髙木麻里（幼保連携型認定こども園長岡こども園園長）　第１章３［２］

（掲載順／職名は第１刷発行時現在）

●イラスト

わたなべ　ふみ

購読者専用ダウンロードサービスのご案内

「『「外国につながる子ども」の保育と保護者支援に使える外国語例文・絵カード集』購読者専用Webサイト」から、書籍掲載の各種シート・絵カードのほか、書籍には掲載していない外国語例文・単語集のpdfファイルをダウンロードしてご利用になれます。

以下の手順で、会員登録をしてからご利用ください。

① ご使用のPC等から、弊社の通販サイト「ぎょうせいオンラインショップ」（https://shop.gyosei.jp）へアクセスします。

② サイト右側にある「書籍購読者専用サービス」のバナーをクリックします。

③ 「教育・文化」の中から本書を選択します。

④ 「『「外国につながる子ども」の保育と保護者支援に使える外国語例文・絵カード集』購読者専用Webサイト」の案内に従って会員登録をします。

⑤ 会員登録したメールアドレスに送られたパスワードで、購読者専用Webサイトからログインします。

⑥ pdfのダウンロードを行います。ダウンロードに必要なユーザー名・パスワードは以下の通りです。

【ユーザー名】gaikoku6
【パスワード】gaikokuhoiku6
（すべて半角）

●編著者紹介

社会福祉法人日本保育協会

昭和 37 年 10 月に民間保育園の発展と充実を目指して、社団法人として誕生。その後昭和 48 年 10 月に社会福祉法人に改組し、以来民間保育園と一緒になって、保育の発展・充実に関わる各種活動を展開している。

咲間まり子（函館短期大学保育学科教授）

専門は教育社会学、保育学。宇都宮大学大学院教育学研究科カリキュラム開発専攻カリキュラム開発専修修了。修士（教育学）。主な著書に『保育者のための外国人保護者支援の本』かもがわ出版、2020 年（監修）など。

「外国につながる子ども」の保育と保護者支援に使える
外国語例文・絵カード集

中国語・ポルトガル語・ベトナム語・タガログ語・英語・スペイン語

令和４年８月１日　第１刷発行

編　著　社会福祉法人日本保育協会／咲間まり子

発　行　株式会社ぎょうせい

〒136-8575　東京都江東区新木場1-18-11
URL：https://gyosei.jp

フリーコール　0120-953-431
ぎょうせい　お問い合わせ　検索　https://gyosei.jp/inquiry/

〈検印省略〉

印刷　ぎょうせいデジタル株式会社

※乱丁・落丁本はお取り替えいたします。

ISBN978-4-324-11148-2
(5108801-00-000)
〔略号：外国につながる子〕